マキタスポーツ

前書き

2020年、コロナ禍。〝刑務所の自由時間〟のようなこの時代をどう考えたら良いのだろう。今、世界は「常識」の更新が求められています。残念ですが、今までの常識が通用しなくなってしまった。コロナのせいです。常識やルールは、所詮、〝頼りなき人間〟の作ったもの。100年単位か、1000年単位か、長い歴史の中では、常に点検しないといけないのが「常識」ではあります。「何故よりによって俺の時代に！」と思っても、更新はしないとダメらしい。何故か？　それはとても便利だからです。

反常識も、非常識も、「常識」というスタンダード無くしては成り立たない。それが証拠に、習慣や常識は自分の表現の元になっています。世間の秩序やセオリーは、煮てよし、焼いてよし、逆手に取るもよし、とにかくネタになる。そして、やがてネタから離れ、生活に戻れば安穏と暮らしていける。「常識」はこんな歪んだ僕でも便利に使えるということじゃないでしょうか。でも、家賃2カ月分払って更新できるならいいですが、今度はそういうわけにはいかない。「常識」の底が抜け、宇宙に投げ出された常識ゼログラビティ状態。こんなに不安な世の中もありません。停止していた思考を動かさなきゃいけなくなったんです。

ところで……

「丁寧な平成vs雑な昭和」という図式があるとします。ちなみに僕は、このことを念頭に自分の問題修正のきっかけにしています。昭和生まれの雑な思考回路のおじさんですからね。さて、その上で令和は果たしてどんな時代になるのか？

文明社会は、ルールの網の目をどんどん細かくしてきています。これは、新たな常識を作るというより、それまでの〝常識の強化〟です。

多様性、ポリティカルコレクトネス、ＬＧＢＴ、企業のＳＤＧｓなど、おおよそ昭和の時代なら考えられないほど、益々細やかな配慮が様々な事象に投げかけられる。そうして世の中は、螺旋状《らせん》に少しずつでも良くなろうとする。すくい取れない問題がなるべく生まれないように、そして、問題と解決がその網目から取り上げられるための工夫。会話一つとっても、コミュニケーションの一環としてされていたエロトークは、「お茶目」ではなく「セクハラ」と細かく分類、裁定されるようになりました（マナーの条項が増えたということ。利用規約に同意してください）。

一方、気にしなくてはいけないことは右肩上がりに増えます。思いやりの解像度を上げる、証拠は必ずとる、固定観念で判断しない、勉強して取り組む。まるで触ると電気がビリビリするイライラ棒です。が、精度を上げるのはマストであり、なるべく傷つく因子を取り除いて行いに励む。それが正義なのです（でも、人間の「悪性」はどこへいくのでしょうか？　「悪性」とは人間のズルさです）。

「常識の強化≒ルールの網の目の細かさ」とは〝「関わり」には摩擦が生まれる〟という社会の大前提の上に成り立っている、言わば〝人類普遍の設問〟です。ところが、その未来永劫揺るがないと思っていた大前提が覆された。それが「新型コロナウイルス」ってやつ。神様の出したお題は「答えは無いけど、回答せよ」。誘拐されていないのに誘拐犯を捕まえろ、とはこれいかに。酷い謎々です。〝おとり〟扱い出来ません。

人間はこれまで、自分以外との「接点」や「関係」によって、ストレスも、幸福も、恩恵も得てきた生き物。それがコロナというウイルスのせいで、「関わり」自体を疑わなくてはいけなくなってしまった。ワクチンの開発は待たれるところですが、それがクリアになっても、この哲学的命題だけは残りそう。そういう非常にクリティカルな問題に直面してしまったのです。

確かに、コロナは得体の知れない新種かもしれません。僕が知りたいのは、ＰＣＲ検査とかいう「丁寧」が無かった時代にあったであろう〝難儀を凌ぐための知恵〟です。でも、螺旋状に良くなっていた世の中が、実はなんの学習もしておらず、知恵もない。良かれと思って網の目を細かくしたことが裏目に出ていて、その副作用がある。丁寧な検査をすれば感染者は増えるのです。じゃ実際増えたのは何か？　「情報ゾンビ」でした。

情報ウイルスに侵されたゾンビたちが、人に噛み付きまくる。これはどうしたものか。どうしてよくわからないことに、こんなにヒステリックになれるのでしょう？　制度やシステムが丁寧でも、人が雑なままじゃしょうがない。本来ならば、もっときちんと状況を把握し、冷静に勉強しないといけないはず。でも、その実やっていることは新規マナーを相手に押し付け合う〝えんがちょゲーム〟じゃありませんか。結局、丁寧とはいいつつ、本音は面倒くさいのだと思います。何せ「習慣」と「面倒くさい」

で人間は出来ていますから。わかりやすい敵を作ったり、いかにも具体策っぽい「三密」とか「ディスタンス」とかいうルールだけあれば守った気になるという。人間、今日も正しく愚かです（こんなところに出てきた「悪性」ぶり）。何も考えなくてよかった、あの頃の「常識」が恋しい。ああ、憧れの思考停止、といったところでしょうか。

　唐突ですが、ここで謎掛けを一つ。コロナと掛けまして、坂上忍と解く、その心は「毒が弱まって好感度が上がります」。

「こんな窮地に謎掛けか！」とお怒りでしょうか？　でも、忍さんに限らず毒舌系タレントの発生と浸透って、本当にコロナとよく似ているんです。「初期は毒性は強いが、だんだん毒が弱まり、重症化しない」とか、まさにそう。「あの人は危ない」と言われていた人も、認知されると感染力（好感度）は上がり、同時に毒性が弱まり、重症者（濃いファン）がいなくなる。ウイルス視点に立てば、死滅させられないために毒素を減らし、数を増やすというのは正しき〝生き物戦略〟です。斯《か》くして、ＣＭに出るぐらいの頃にはこっちにもすっかり免疫が出来ていると。僕にとっては「ｗｉｔｈコロナ」とはそういうもの、と、途中からは思うようにしてました。

　僕は、こんな人類史的難題を、単なる比喩で切り抜けようとしています。不真面目でしょうか？　否、ユーモアです。学者だって政治家だってすぐにはどうにもならないことが、わかった気になってバタバタしてどうなるというのでしょう。だから、これからは〝冗談と常識〟のダブルスタンダードで生きるんです。僕は新常識の更新を待ちながら、得意なことをして笑って過ごします。

今回の件で露見したのは、「わからない」に対して弱い社会という事実。正解という甘みに浸りすぎた結果でしょう。「答え」を摂りすぎて、おしっこに答えが混ざっちゃう〝答尿病〟です。正解があれば安心する。もしくは、自分が見たい都合の良い答えを盲信する。わからないことがあった時、検索して納得する。そんなことで本当の知性は身につかない。それなら僕は自分で考える、もしくは、人の回答に気をとられるぐらいなら「考えない」という姿勢でいます。安心しようとするから間違うんです。考えた気になって安心するぐらいなら、〝考えない恐怖〟に向き合いましょう。

要は皆トンチキなんです。

ならば〝とんち〟として「考えない」、または「何もしない」です。マキタ一休、将軍様の無茶振りに対して「何もしない」。ゴールキーパーを抜いたメッシがパスをして来ても、マキタ「何もしない」です。パニック映画を想像してみてください。みんな慌てふためき、我先に助かろうとし、裏切り、人を襲い、または、人々の行方を指し示すヒーローが間抜けに死んだりしている中、一人〝何もしないおじさん〟がいたらどうでしょう？　僕はそういう、ある種の不気味な人でいたいと思っています。あなたはその他大勢の顔のない役者でいいですか？　僕はそのパニック映画のエキストラでいたくない。ならば、そんな劇的な世界に馴染まない〝様子のおかしい人〟でいる方を選ぶ。テレビを消し、スマホを閉じ、みんなと一緒の何かをしたくなるのをじっと堪え、この状況を見つめるんです。

ウイルスは人体に越境して初めて「有害なウイルス」と、人間側から勝手に認定されます。ならば、僕はこの時代にあって、ある種のウイルスになろうと思いました。本来、一人一人が考えないといけない時代に、思索も内省も奪われ、分断される。そんなムードに惑わされ、一緒になってブレるわけにはいかない。世間という人体に「違和」という毒で抗します。世界が異常なら正常に、世界が正常なら異常に、です。

だから、越境の作法を記す。

この先の生活基準にも絶対にエンタメは存在するでしょう。そんな時にこそ越境的センスが必要です。僕はそのセンスを伝えるべく、再度原稿に向かうことにしました。同志と出会えるよう、自分の考えを書く、伝える。わからないことに心を費やし、何かを為した気分でいるより、自分に出来る「おもしろ」を一片の文にする。とてもシンプルなことでした。

ここに書かれている内容は、まさに不要不急の駄文。でも、人々に、制度に、流されまいと踏ん張る人、自分で考えたい人にはインスピレーションを与えられると思います。

今回、増補版として新たに8本ほど新ネタを書き下ろしています。さらに、小泉今日子さんという〝越境先輩〟との特別対談も収録しました。必読です。

初めてこの本を手に取った方は、力まず、様子のおかしいおじさんの独り言にそっと耳を傾ける感じで読んで欲しいと思います。全体重は乗せず、半身でいるぐらいだと、重要至急な何かを発見出来るかもしれません。

２０２０年10月

常識と冗談の越境者　マキタスポーツ

目次

1 感動の国 ニッポン 015
2 第二芸能界 049
3 芸人というビジネスマン 089
4 大衆と音楽 109
5 役者現場 141

6 自作自演家 157

7 公のプライベート 187

8 食癖 213

9 越境の現在地 235

10 特別対談 小泉今日子×マキタスポーツ 越境の先へ 269

越境宣言

子供の頃から〝遠い目〟の少年でした。クラスのみんなと同調しておきたいと思っていても、はみ出してしまう。みんなが好きなものを一緒に共有したいと思っても、気後れしてしまう。「まずい」と思い、一心にウケを狙い、ふざけてみると今度はひんしゅくを買いました。小学生ぐらいまでの僕は、はっきり言って周りに嫌われていたと思います。生きているのが苦痛だったし、親に対しても後ろめたいし、そんな自分を見つめるのもイヤだから見て見ぬ振りをしていました。だからか、よく嘘をついたし、卑怯なことをいっぱいした感触が心に残っている。気づけば、周囲の景色が一枚フィルターがかけられたように映っていました。というと、キザに聞こえるでしょうか。それは、意識が遠のいていくような、まるで、熱中症の人が倒れる寸前に見るような景色でした。

僕のつく嘘は『演じる』に変換されたように思います。ふざけても嫌われないようにするためには『芸事』を身につけるしかないと、楽器を弾くようになり、人を笑わせる為に、人が笑う時の心理を勉強するようになりました。遠い目は、風景画を描く時に薄眼にして景色を見るように、対象に入り込み過ぎないよう『客観視』に結びつけた。「入り込まない」じゃなくて「入り込めない」のです。だから越境したんだと。

「越境」。辞書で調べると「法的に定められた領界を超えて侵入すること」とあります。あまり良い意味でない。

マキタスポーツという存在は、〝そこに定住している人〟からしてみると非常にいい加減な存在に見えるかもしれません。なんでも首を突っ込んで、中途半端にやり散らかす「にわか」や「器用貧乏」と言われてきたこともあります。違うんです。そうするしか方法がなかったから、そうしたまでで、一つのことに専念し、為し遂げられればこんないいこともないと思ってもいます。でも、それが出来ない。

僕のような生き方を定住者は、ジプシーのように思うことでしょう。定住を嫌い、芸をしては日銭を稼ぎ、そこに置いてあるものを拝借しながら暮らすジプシー。何者だかわからない「ヨソ者」。しかし、ヨソ者にはヨソ者にしかわからない視点があります。日々の固定化された決まりごと、なるべく動かしたくない慣習、疑いようのない定式。そうして僕は、その「どうして？」が許されない世界に侵入して行く。やがて、同化しそうになると逃げ出すようにしてそこから姿を消す。

一時期、僕は「芸人」という肩書きを外していた時期がありました。理由はその肩書きが窮屈だったからです。そうしたら、一番怒ったのが当の芸人たちでした。曰く「あいつは逃げた」と。

僕は変わらず、「笑い」は、ライブはもちろんのこと、ドラマや映画、文章の世界などでもやり続けていました。僕が一番嫌だったのは、「芸人とはかくあるべし」という常識です。その中で序列が出来ていること。みんなが通過してきたことをやらない。例えば、「ひな壇芸を〝下から〟やってのし上がれ」とか、「コンテストで結果を出せ」とかが、いわゆる序列的思考でしょう。それより、僕は僕の最短ルートで目的地につくことが至上命題で、誰も行き方を教えてくれる人がいないから地図は自分で作るしかなかったわけです。

ミュージシャンからは「芸人だから」と言われ、俳優からは「タレントさん」と言われました。その都度場所は移動していましたが、精神的位置は0地点に設定しておきたかった。プラスにもマイナスにも振りたくない位置、それが理想です。

現代は少々物事が複雑になりすぎたきらいがあります。その代わり、反動的に「単純」

を求めています。終身雇用、年功序列など大昔の話で、今はなんでも自分で決められる反面、みんなどう生きていいかわからずにいる。だから「わかりやすい」に吸い寄せられる。

チャンネル過多時代……大検索時代……多様化もここに極まれり。何でも取り入れられる一見いい時代は、一体何が何やらわからないのが本音でしょう。日本史上これほどまでに「生き方を自分で決めていい」、「材料もいっぱいある」という時代はなかったと思います。

「定住」を決めて〝わかりやすく生きる〟のもありでしょう。でも短絡はいけません、怪しい宗教にハマるようなものです。だから、これとて面倒だけどきちんと思考しなきゃいけない。それか、僕のように定住せず、越境しながら、自分で生き方、考え方を工夫するのはどうでしょう？　僕はこんな複雑な時代でよかったと思っています。苦労も多いですけど、時代には合っていたように思っています。

この本で書いたのは、僕の日々の思考法のようなものです。お役に立つかはわかりませんが、これを自身の日常に持ち帰った時に、「自分ルール」が少しでも揺らいでいただけたら大成功だと思います。そして、自分なりの越境の仕方を考えるのです。

1　感動の国 ニッポン
2　第二芸能界
3　芸人というビジネスマン
4　大衆と音楽
5　役者現場
6　自作自演家
7　公のプライベート
8　食癖
（1〜8）初出：TV Bros.
9　越境の現在地 —— 書き下ろし
10　特別対談
小泉今日子×マキタスポーツ —— 新録
「越境の先へ」

本書は、雑誌「TV Bros.」にて、2011年10月〜2018年3月まで連載されていた
「梟マキタ〜再び」を加筆・修正し、書き下ろし原稿と特別対談を加えて刊行したものです。

1
感動の国ニッポン

勝てる気がしない

オリンピックに絡めて、「日本人勝てる気しねえ……」問題を取り上げたいと思います。皆さんも、そう思ったことありません？　これ、どうしてなんでしょうか？

「幼稚さ」これが文化全般の隅々まで貫かれているからなんじゃないのか、と僕は考えます。日本人は元来幼稚な性質だと言われています。あの〝悲しい戦争〟が終わった直後の日本人を指して、戦勝国側の誰だったか「ジャップ、精神年齢12歳」と言われたエピソードがあります。

しかしどうでしょう、ジャパニメーションの発達の根元にある「感覚」を日本以外のどの国が用意出来ましょうか。他国の価値観と横並びに評価すれば、たしかに相対的には子供じみた文化かもしれない。しかしだからといってそれが何だというのか。西欧人の考える「成熟」などクソ食らえ。我々は曰く言いがたい、脆く儚いものを愛でて慈しむ唯一の国民です。一体、世界中のどの国で太宰治の甘ったれた文学、あるいは、全盛期の田原俊彦のあの不安定な歌声を受け入れることが出来ようか。マイケル・ジャクソンだって日本に生まれていたら〝ピーターパン〟のままでいられたかも知れない。何せ日本人は国自体がピーターパンな国なのです。

とは思いつつ、その日本人ならではな〝オリジナリティ〟が、世界の相場でさらし者にされる瞬間を目の当たりにすると、すかさず「日本人弱ぇ」と怯んでしまうのは間違いない。それが顕著なのがオリンピックのような場なのです。

「日本人にはどうも勝てそうな気がしない」と、我々が思う時。そこにあるものは実は気後れとも違う、何か微妙な〝リアリティの違い〟です。そしてギャップを埋められないもどかしさから来る諦観。この「勝てそうな気がしない」は、「アルフィーを外国人に見られるのはマズい」と置き換えてもいいと思います。

もしロック世界大会があったとして、アルフィーが日本代表では勝てないでしょう。でも、アルフィーを生んでしまう土壌がどうしようもなくあるのであり、生むだけでなく、〝育てて〟しまう我々の価値観。それが外国人に理解されるわけはないのです。あるいは、逆に、ミスユニバース日本代表はどうか。あそこで評価する「美」は日本人の考える「美」じゃない。なんだあれは。まるで〝室内に鹿威しのある〟ハリウッド映画の間違った日本観。中身は〝外国人〟で、ガワが「オリエンタル日本」という記号。まるで洋菓子を和紙でくるんだ土産まんじゅうです。有り難がるのは観光客。地元の人間は食わない。

挙げ句どうなるか。浮かばれない意識はくぐもり、外国の野暮ったい感覚で裁かれるより高度に内向化することを選び、完成度を高め秩序を保とうとする。まるで「鎖国」です。そうするなかで日本人が奇妙に進化させたジャンルの一つが「アイドル」でしょう。踏まえて、考える物件が〝浅田真央的存在感〟。

世間が「アイドル」にこめる想いは「幼児性」。事実はどうでもいいが、浅田真央が搭載してしまっている「処女性」も、つまりは日本人が古来より好物としている〝質感〟です。それを日本人全体で彼女を「生贄」にして背負わせている。そういう意味で彼女は広義な意味では「子役」でもありました。

子供でなければ大人でもない、いたいけで無垢な存在の日本人。ボーダーラインに立たされている「揺れる存在感」を我々が愛でるのは前段で触れた通り。このローカルルールがよその「世界基準」と対峙する瞬間、〝いと哀れなる〟あの「日本人勝てる気がしねえ」になると。

結局日本人って「世界のキワモノ」なんだよな～。

［2012年5月12日号］

追記：その後、浅田真央から誰があの生贄ポジションを受け継いだのか、現在は空位になっている。また、日本でしかないものを前面に出すのは、現在ではアリと思い直す。概念としての「アルフィー」でこそ、圧勝出来るはず。

恋について

「恋」についてどう思いますか？　本当に色んな人に意見を訊いてみたいんです、この件。ちなみに、僕が問題にしたいのは、いわゆる恋愛の「恋」に限らず、「惚れる」という意味全般での「恋」についてです。

子供の頃「恋」はとても恥ずかしいものと認識していました。これは多分に生育環境にその原因があると思われます。例えば、僕の母親は、僕の同級生のカップルなどを見るなり「ほら見てみろ、あああ、手なんかつないでぇ」と、爆笑しながら言うのです。挙げ句、口を思い切りしゃくり上げ「オ、オラ恋しちゃっただ～」と、妙な声で、どこの誰だかわからない田舎っぺになり、思い切りバカにしたようにおどけて見せる。要するに「頭がおかしい」と言いたいらしいのです。

だからか僕は、いまだに「好きになる」という気持ちがよくわからないままでいます。わかっていることは「惚れる」という情緒に対するネガティブな感覚。実際、何かに「恋」をしている人を見ると思わず〝口をしゃくり上げ〟たくなるのだし。更に「恋をしたい」とか言っている者などの場合は、いよいよ「バカだ」と確実に思っている自分がいます。

食うだけで精一杯な時代に生きてきた人、また、文化的な行いを全て「無駄」と妄信する人間に教育されてしまったことで、「恋」に限らず、文化全般に言えることだけれど、自分の生育環境にはそういった「色味」は不要と擦り込まれていた節があります。僕は「人生の余分」に対しての免疫がないのかも知れません。だからよくあるのが、やれ小説を読んで「人生観変わりました」とか、映画を観て「高校を退学した」とか、ブルーハーツを聴いて「死ぬのをやめた」とか言ってる人……何度も言って申し訳ないけど、「この人はバカなんじゃないか?」と思ってしまいがちなんです。で、これがある種の〝生体反応〟になってる。

しかし、一方で、凄く「うらやましいな」とも思う。何かに入れあげ、惚れて、〝バカになった人間〟の貯めた「バカ預金」は僕のような表現稼業にはとても大事なものです。普通の預貯金が〝老後〟の身を助けるように、人間から芸人に生まれ変わる我々には、言わば〝芸人後〟という人生が確実にあるのであり、その時身を助けるのが「バカ預金」だからです。

踏まえて、これは僕のような偏った人間だから言えることだと思うのですが、世界はヤケに〝気持ちを乗っ取られたがってるぞ〟と思うのでした。「恋」を広義に「感動」と翻訳してみます。そういった、ある意味「気持ちを持ってかれている」状態の人間を迂闊にもからかえば怒られるようなムードがありますよね。それがすごく気持ち悪い。

先日、仕事でカニを食べたんですが。つくづくカニってやつは「食べさせる」やつだなと。「食べる」じゃなくて、いつの間にか「食べさせられている」。僕はこの〝乗っ取られてる〟感がイヤで、普段カニをあまり食さないのですが。そう考えると、皆さん結構カニが好きだな〜と、否、更に言えば、カニ的な非現実感が好きだと。つまり、世の中の人は「乗っ取られ」が大好きで、皆乗っ取られたがってるんじゃないかと考え入りました。〝恋愛体質〟を是とする、ある種の「催眠信仰」が優位にある。

信仰、皆その信仰心を積極的にも消極的にも抱えていかざるを得ないのが「恋」なのかも知れません。でも、「恋」の先にある「感動」も怖いなと。

今や「感動」は飽和状態の〝感動供給過多時代〟。〝アル中〟を許さない世間が〝恋中〟を許容する不思議を感ぜずにはいられません。甲本ヒロト氏は「人は悲しい程〝感動しないと変われない〟」と言います。しかし、それも善し悪し。人は「感動」のためなら戦争反対もするし、戦争もすると思うのです。だから「恋」はおっかない。

［2013年2月2日号］

言葉としての「感動的」

「感動的」という事柄を〝言葉〟の面から考えてみたいと思います。例えば、アメリカ大統領のオバマ氏の演説を見るにつけ「イヤに感動的だな……」と思うのですが、日本の政治家の言葉に「感動的」は無いぞと。政治家の言葉に「感動的」を求めることに抵抗があるのは、〝前の時代〟に対する反省か。でも人が感動自体については貪欲なことに変わりはないわけで。現に〝薄めた感動〟はイヤにはびこっているではないかなどと思ってしまいます。

「I love you」これを日本語に訳すと、「君を愛してる」といった感じでしょうか。あやふやな言葉です。無理やり翻訳すれば、「君を愛する」に近いと思います。「愛してる」と「愛する」とでは、かなりの違いがあるはず。「愛してる」は〝自分のなか〟でのこと。一方「愛する」は気持ちが外に飛び出している非常に能動的な言葉。ここに何か重要なヒントが隠されているような気がするのです。

政治の世界から「感動的」を取り除くことは〝宗教性〟を排除することから始まります。今の時代、一億総クレーマーかのごとく政治家に文句を言っていられるのも、宗教性を切り離した装置のあるおかげで、すなわち、情勢の安定の表れだと言えます。宗教性と政治を切り離さない公明党の人達の〝「感動的」な面構え〟をどう取るか。ほとんどの日本人にアレルギー反応が出るのは当然だし、故に、やはり「感動的」はエンターテインメントなどの分野に任せといた方が無難という選択があるのは仕方のない事実です。エロの世界ならどうでしょう。村西とおるや、カンパニー松尾のような人達を業界では「チ◯ポで物を考えるタイプ」

というらしいのですが。彼らの吐く〝心のこもった〟言葉は激しくエロく、まただからこそ「感動的」です。ロックの世界はどうか。曽我部恵一という人は「I love you」に対して一見事も無げですが、言葉の裏側に凄みを感じる感動名人です。才能のない落語家のいかにも落語家然とした口調には気味の悪いものを感じますが、同じように、ロックにも気味の悪い「型」がある。非凡な彼はそんな空っぽな表現は当然取らない、型にはまらないリアルなロック言語を操るのでした。

では、一部の天才達以外に「感動的」を生むことは出来ないのでしょうか。「I love you」という〝入れ物〟は端から強みのある完璧な言葉だけれど、魂を吹き込むのは人間です。「愛してる」みたいな、殻に籠もった奥ゆかしい言語力の日本人には、とどのつまり「感動的」は不向きなのか、というより、欧米の言葉に比べると構造上からも分が悪いのではないか。

言葉を発する側の「確かな気持ち」に宗教性は発生します。時の首相の空虚な言葉を嘆くくらいなら、自分自身の吐く言葉を考え直してみるといいと思います。学校で、会社で、バイト先で、自分の言葉から〝真心という宗教性〟を外してやり過ごしてはいないでしょうか。足りないものは足りないけれど、日本人の間尺に合う表現というものは絶対にあります。曖昧で不確かな言語だからこそ、使う人間の気持ちが大事になってくる。あらかじめ言葉が論理的じゃなく、メッセージ力に乏しく、攻撃性や殺傷性が薄いのは特性なのです。だいたい「愛してる」なんて、日本人がどの面下げて言えばいいのでしょう。真実味がありません。日本人ならば、「愛してる」を言わない代わりに、「愛する」の類型をひねり出さなければならない。確かな想いのある人間にはそれを生む資格があり、やがて、新たな言葉は生まれていきます。

［２０１３年10月26日号］

余分と危機感

「余分な物」というジャンルにまつわる「危機感」について考えました。

「余分な物」は、いつ時勢の犠牲になり、縮小されてもおかしくない部門。しかし、そんな「危機感」が止まない〝努力〟と〝試行錯誤〟を生む。多分に「チキンレース」的です。

例えば「お菓子業界」の〝焦り〟はどうでしょう。本質的な恐怖心は相当なものだと思われます。しかし、それ故招く、彼らの〝頑張り〟には感動せずにはいられません。それに比べれば、僕の頑張りなどまだまだ。「ルマンド」のあのちょいとしたラグジュアリー感はどうでしょう。お菓子なのに。安価で当たり前な「お菓子なのに」というフリに対して、ならばと、あの高級感とヨーロピアン感とを盛り込むセンス。その「解答力」に脱帽するしかありません。

ロッテ「雪見だいふく」の、あのセンセーショナルなデビュー、そしてその後の安定感。一体どれほど考えたというのだろうロッテ、〝嫌われないため〟に……。

他にも、食感・喉ごし・歯触り・清涼感・懐かしさ・本物志向、果ては、おまけやパッケージのデザイン、仕掛け過多な面白ギミックなどなど。各メーカー、お菓子業界、とにかく必死です。概念としての〝女子供〟にどれだけ奉仕するのだ、お菓子業界。これはもはや〝「媚び」を科学〟していると言っても言い過ぎじゃない程じゃないでしょうか。

世知辛い世の中ですが、人間は誰しも「無駄」によって生かされています。そのことからは逃れられない。そこにある〝人間の本質的寂しさ〟に「お菓子」達は入りこむ。そう考えると、お菓子もお笑いも音楽も「エンタメ・サービス産業」はみんな同じ宿命だな〜と、考え入りました。逆に「役に立つ」ということに、昨今の日本人は気を取られ過ぎているんじゃないかなとも思ったりしますね。もっと言えば、今の「余分業界」は「役に立つ」を徹底的に科学し、媚びるんです。

最後に。ももクロの曲はどうでしょう？　役に立つか、立たないか？　僕は、しょっぱくも余裕の無い、現代日本人にとって、とても役に立つ工夫が施されてる楽曲だと思っています。ももクロの楽曲構造を僕は「ラウンドワン型」と呼んでいます。ももクロは、元来「ヲタ」だけのものとして先鋭化させられた商品だったのですが、それが一般層にまで受け入れられつつある。ここが一番の肝なんですが、要は、普通の暮らしの人達ですら、ももクロほどの「刺激過多」のものじゃないと満足感を得られ難くなってる。どこが過剰か？　それは、「全編サビに聴こえる」という構造です。過剰な「サビだらけ」をボンヤリと興奮しつつ眺めることが出来る仕組みになっているんですね。

では、どうしてそうしているのでしょう。それは『お得感』があるからです。「サビだらけ」な構造は、このお得感を喚起し易く、で、僕はこれを「ラウンドワン型」楽曲と呼んでる。〝そこに行けば遊びの大体がまかなえる〟ということです。この時代のテーマは、いかに〝ローリスク、ハイリターン〟でおいしい思いをするか。アルバムを買って、好きじゃない曲があるなんてもったいなくてイヤなんです。それより一曲で捨て所がないぐらいアガるものの方が好まれるという帰結として、あのような印象の楽曲になっているのでした。そう考えると、凄くないですか？「余分な物」というジャンルにまつわる「危機感」て。

［2013年3月2日号］

批評と編集

「ももクロとかさぁ、日本のアイドルの歌は、レット・イット・ビーの100倍の情報量があるよ!」この発言は、テレビでもお馴染みのマーティ・フリードマンさんが僕のラジオで言ったものです。非常に腑に落ちる言葉で。というのも僕は、例えば、ももクロの楽曲を「ラウンドワン型」と定義していまして。ラウンドワン型とは〝一カ所で複数の娯楽を味わえる〟というもの。つまり、ももクロの楽曲は、一曲で様々なノリ方が出来るということなんです。

ご存知かと思いますが、本当にももクロの曲は情報量が多い。これって「データ至上主義」的ということ。あと、日本人は、とかく〝文脈〟も大好きで、文脈さえあればご飯何杯でもいける!みたいな習性があります。表向きの情報もさることながら、裏側に潜んでいる情報までしゃぶり尽くそうとする。家屋も、ケータイも、炊飯器も、プロレスも、野球場も、何もかも。ルールだの、スペックだの、流儀だのと、とにかく情報量がすごい。で、これだけ複雑なものを、まとめるのが非常に得意なんですね。

昨今「まとめサイト」なるものがありますが、日本人は「ダイジェスト」に異様に興奮するようで。もっと言えば「批評と編集」という〝手つき〟に反応し易い。サンプルを採集し、配列、編纂、また受け手はそれを読み込むことに殊の外テンションが上がるのでした。ポップスなんてまさにそうで、というより、ほぼデータとサンプルの組み合わせでしかありません。だから逆に「パクリ」だのとすぐ言われたりもする。

最近、友人で「自分の曲でもないのに。DJ、意味わからん」と言っている男がいまして、すごく本質的で面白い指摘だなと。その時、僕が言ったのは「既製品の服を自分でスタイリングするのと同じ」ってことでした。これってつまり「批評と編集」です。着こなす人の〝解釈と構成〟で、「その人らしさ」にまで昇華出来ますよね。不細工なコーディネートだと皆に嫌われますが、これ要は「売れない」ってことと同じで、皆に共有してもらえない。あと、なんの脈絡もなく変な格好したらそりゃ単なるデタラメで。きゃりーぱみゅぱみゅにしたって〝原宿ファッション文脈〟からの、正当な継承と僅かな逸脱とを盛り込んでセンスを確立しているのは周知。つまりこれも一代限りのものではなく、過去からのデータとサンプルの再構成、やはり「情報」の批評と編集なのでした。

拙著『一億総ツッコミ時代』（星海社新書）で書きましたが、今は「自己表現の時代」。有史以来初めて迎える〝大自己表現時代〟です。むやみに「〝オリジナルの自分〟探し」をしても答えが見つからないように、「自分」というものを表現するやり方を学び、他者とコミュニケーションしつつ「あなたってこうだよね」と言われるような機会を持つことの方が大切です。皆ネットとかで人格作るし、いくつもアカウント持ってるし。要は表現に欲目がある。とにかく承認されたがってます。パクリを糾弾する人も、とどの詰まり「表現」ですしね。情報を批評し、自己に反映、さらにそれを編集することで、この時代は報われます。

［2014年2月15日号］

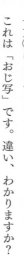

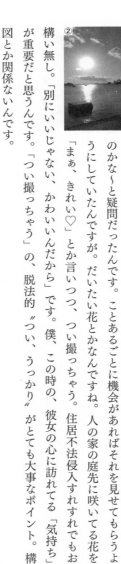

おば写

いきなりで恐縮ですが、ちょっとこの写真を見てください。

①

②

これ、僕が「おば写」って言ってる写真①です。もちろんこれは僕が撮ったものです。

一方②はどうでしょう?

これは「おじ写」です。違い、わかりますか?

「おば写」は構図を無視した〝パッション〟があるのが特徴的です。「おじ写」は構図的で、説明的。おばさんはよく写メを撮るんですが、あれ、一体何を撮ってるのかな~と疑問だったんです。ことあるごとに機会があればそれを見せてもらうようにしていたんですが。だいたい花とかなんですね。人の家の庭先に咲いてる花を「まぁ、きれい♡」とか言いつつ、つい撮っちゃう。住居不法侵入すれすれでもお構い無し。「別にいいじゃない、かわいいんだから」です。僕、この時の、彼女の心に訪れてる「気持ち」が重要だと思うんです。「つい撮っちゃう」の、脱法的〝つい、うっかり〟がとても大事なポイント。構図とか関係ないんです。

あらゆる芸術は、「どう見られるのか」を本質的に気にしています。で、体系化されてきている。それと時を同じくして、それを評価する「身内」が形成され、成熟していきます。しかし、「身内」から新しいものは生まれません。身内より「余所《よそ》」からしか〝表現の可能性〟は育まれない。音楽で言えば、初期ヒップホップだって「脱法的〝つい、うっかり〟」という情熱によって生まれてきています。

一方、「おじ写」はどうでしょう？「こう見られたい」、あるいは「誰かに見られた時に恥ずかしくないものを」みたいな、つまらない「言い訳」がそこにあるような気がしませんか？ セオリーに縛られて、「こうあらねばならない」という〝べき論〟的退屈さがあります。

これは「主観」と「客観」の違いだと思われます。拙著『一億総ツッコミ時代』の中で書いたことですが、今の時代は「評価」したがってる人たちは沢山いますから、〝強い主観〟の方が響き易いんです。「この人たちはこう評価するだろう」ということなんて、誰もが〝見えてる〟時代。だったら逆に「私はこう思う」という状態をそのまま見せた方が、深く刺さる。「おば写」にはその辺のヒントがあります。

［２０１３年４月13日号］

追記：「ポートレート機能を使用するのはおばさん」と、18歳の長女は言っている。ハッとした。

バブル・スマイル

とある休日、喫茶店に入ると、一人の女性に話しかけられました。その女性はことあるごとに、眉間に皺を寄せ、口をすぼめてキュッと顔面絵中央にリフトアップする笑顔を僕に向かってするのですが。僕はこれを「バブル・スマイル」と命名しました。浅野温子やＲＩＫＡＣＯなどがするアレです。しばし想像されたい……想像しましたか？　アレです。

子供のいる僕は、何かと保護者と接する機会があるんですが。そう言えば、お母さん方を見ると、この「バブル・スマイル」をメソッドとして採用している人が意外と多くいたのを思い出しました。これは最近の若い女性にはあまり見ることのないもの。なんか不思議な気持ちになりました。「笑顔」にも〝時代様式〟があるのかと。そして彼女たちが、その笑顔になる時の気持ちの奥底にあるものを考えてみました。と、あれは「笑顔」というより「牽制」と「施し」ではないのかという考えに至りました。あの時代の笑顔の成分にはそういった〝押し付けがましさ〟が含まれていたということか。

私はバブル最後の世代。あの時代の女達の「社会と心の接地面」にあった摩擦とはなんだったのか？同時代を生きた同志として興味深い。そういえば「バブル・スマイル」をしていた女子とはなかなか〝出来なかった〟ことを思い出しました。ついでに、している最中、あるいは、した直後に「バブル・スマイル」をしてきた女子になんだか冷めたことも。

牽制と、施し……切ないじゃないか。

２０１３年現在の女性像が、一つの「女の〝成り〟」なのかわからないが、今の女子が笑顔に、牽制と施しという成分を忍ばせ、武装し、媚態を作らなければはたしていけないでしょうか？　それはない。若い女性は少しずつだけれど、あの頃より自由になりました。何せ、信じられないことですが、今や超保守的な雑誌『ａｎａｎ』が、過激な〝女性オピニオン誌〟だったみたいな時代です。〝女の位相〟は変わりました。良くも悪くもだけど、今から20年ぐらい前には、まだ表現に含みを持たせたり、または、それを読み取ることも望まれていました。ましてや〝女らしさ表現〟など「奥ゆかしさ」への憧憬と名残か、面倒な手続きだらけだったのかもしれない。それと比べれば、今や「女表現」のデフレスパイラルは下げ止まらない。

まぁ、あの頃の女性全てが「バブル・スマイル」だったわけじゃないけど。総じて、なんか〝イタイ感じ〟の印象だったことも思い出しました。〝頑張ってる感〟と言えばいいだろうか。当時は解りませんでしたが、その頑張ってる感の内訳が、今さらながらようやく解ったような気もします。

しかし、それをまだ続けてる「バブル・スマイル」な方々といったら……イヤ、これはこれで貴重な「文化遺産」だと思う。何せ「女」というのは行為です。連続し、変化し、抽象化する表現なのだから。

［２０１３年４月27日号］

表現と言葉

同じことを言っているのに、違う表現ってありますよね。例えば「週休二日制」。これはどちらかというと生徒側の視点で、これが文部科学省の視点に立つと「授業五日制」ってことになる。というか、正式なほうはむしろ「授業五日制」ってことみたいです。なんだ？　正式って。

おそらく学問的には何かそういう〝括り〟があるんでしょうけど、この「同一の意味で違う言葉」ってのが、どうにも僕の興味をくすぐってやみません。これは「立場」による違いが一番かと思いますが、例えば理系的表現か、文系的表現か。これなんかどうでしょう。

「トランスフォーム」と「メタモルフォーゼ」。どちらが理系的で、どちらが文系的でしょうか。共に「変身≒変容」を表す英語とドイツ語ですが。これはあまり厳密な話ではなく、要は、日本人が日本語として、これをどう使い分けているかなんです。または、どういうコミュニティにいる層が、それぞれの言葉を〝使いがち〟なんでしょうか。

僕は「トランスフォーム」は男性的表現で、「メタモルフォーゼ」は女性的表現、トランスフォームはオタクが使いそうで、メタモルフォーゼはV系が使いがち、みたいに考えました。あと逆に、「入間」と「人間」って形が似ているだけで、意味はまったく違うってパターンのもありますね。ま、これはいいか。逆にでもないし。

話を戻します。「言葉と感情」っていうのはすごく密接なので、言葉次第で、心の有り様は他人にも自分にも違って響いてきます。例えば、「セックスしたい」という感情があるとします。本当は単に〝ヤリたいだけの衝動〟なんですが、人間というのは「言霊」に引っ張られる癖があります。これを「恋」と表現するのと「遺伝子を残したい」と言うのとでは、意味合いが大分違います。迂闊に「恋」なんて言葉を口にするのはどうも憚られますし、ベタだし、形骸化しちゃってます。「遺伝子を残したい」じゃ、本当は科学的な表現ゆえに、日常から距離がありすぎて、かえって文学的に聞こえたりしますね。

お題を変えていきましょう。「戦争」をどう解釈するか。「人間は『愛』があるから争う」。こう言うと何かセンチメンタルです。でもこういう言い方もあります。「石油があるから争う」。同じ「戦争」というお題でも、手触りがまったく違う解釈になります。どちらの立場、どちらの切り口を信用するかは、その人次第です。でも〝美的〟な言葉の方が何か分が悪い気がする。これはどういうことか。

「オリンピック」はどうか。「スポーツマンシップ溢れる人間達の、国を超えた感動的祭典」と見るか、それとも「ビジネスマンシップ溢れる銭ゲバ達の、極めて政治色の強いゲテモノ祭り」と見るかでは大分味わいが違います。

精神論と唯物論とでは、それぞれに役割があると思います。

「芸人」。これをどう捉えるか。僕はこの「芸人」という概念を、精神論的、あるいは、文学的に捉える向きを、あまり信用しません。「芸人」に付加価値的に付いてるロマンティック成分、意味合いをいろいろ剥いでいけば「ヤリチン」ってことで良いと思っています。科学的、唯物論的に言えば「生殖能力の凄い種」ってことです(『芸人交換日記』なんかは、センチメンタル成分強過ぎです)。

「言葉」とか「表現」というのは、必ず、それを発している側の政治的意図が働いているものです。そこらへんを見誤ってはいけないと最近ことに思う。

先の例になぞると、「芸人」は普段、芸人であることを意識しているようで意識してはいません。人よりよく笑い、よくセックスしているだけなんです。つまりそういうエネルギーの総体を「芸人」と呼ぶのだと。あまりに即物的で味気ない表現もつまらないですが、行き過ぎた文化的な表現も気持ちが悪い。皆さんも、こういった目線で人の発する「言葉」の意味を仕分けしてみてはいかがでしょう。

［2013年6月8日号］

追記：最近の芸人は禁欲的。でも〝デキ〟なくなっただけで、概念としての〝ヤリチン〟は変わらないと思う。

習慣

ある撮影現場でメイクさんと話をしている時のこと。彼女は、風呂上がりにアイスを食べるとのこと。でも、ダイエットはしたいと。僕は「じゃアイスやめれば？」と突き放しました。すると彼女は「でも、これは習慣だからやめられない」と言うのでした。次に、僕のタバコの話になり、今度は僕が「タバコは習慣だからやめられない」と。話は平行線。二人は大笑いしたのですが、この「習慣」というワードがとても気になりました。

タバコを吸わない人間にとってみれば、無意味な行為にしか見えない喫煙。でも、僕からしてみれば、喫煙は生活の一部に確実に組み込まれた不可欠な行為なんです。そんな僕から言わせれば、風呂上がりにどうしても食べなきゃいけないアイスなんてものがこの世にあるとは到底思えません。例えば、親が危篤中に、表に出てタバコを吸いつつ想いに耽る、これはアリです。でも、これをアイスに置き換えるとダメな感じがします。舌がにゅるっと出てくるのと、親の危篤は相性が悪い。でも、彼は言うんです。「アイスの時間だから……」。すごくダメな人に思えます。

習慣は人を傲慢にさせるのでしょうか。そんな決まりごとなど無いのに、それを人は厳格に決まったことであるかのように盲信することで、何らかの精神的な安心を得ています。嗜好品のような「必ずしも無くてはならないものではない」物ほど、バカみたいに固執してしまいがちだったりします。さらに言えば、これが「世間」「会社」「国」とかいう単位のなかで根付いている習慣ならどうでしょう。というか、人間はほとんどこの「習慣」によって生かされているんじゃないのかと。で、もっと言えばこのロジックを補完するものとして「面倒くさい」という考えが生まれてくる。

何か新たなプロジェクトを企画すると、旧態依然とした勢力はこれを、なんだかんだ理由をつけて潰しにかかる。これ、どこでもよくあるケースですが、たぶん、変えたくない「習慣」と「面倒くさい」って身も蓋もない理由がほとんどな気がします。

「習慣」を守るためなら、どんな間違いだって起こしがちなのが人間だし、「面倒くさい」のためなら、エネルギー問題があろうがエアコンも付けっ放しに平気でします。特に日本はGODのいない国なので、世間体とか、雰囲気とか、多数派とか、勝ち馬に乗るとか、〝考えることを放棄〟することで、快適な生活をエンジョイしてくのでした。

これを突破するのは「外圧」が一番ということになってますが、これすら習慣化させてるのが日本という国のこわさというか、凄さなんじゃないでしょうか。でも、思うんです。「習慣」と「面倒くさい」を〝内側〟から変えるのは「感動」しかないんじゃないかって。エンターテインメントの世界にいる我々は、日常にこびりついてる習慣と面倒から、いかに引き剥がしてあげるか、それだけだと思う。そんなことを、チケットの売れ行きを見ていていつも思うんだよな〜。結局完売するのに、ほんと、ギリギリまで買わないんだよな〜みんな。

［2013年10月12日号］

なでし業JAPAN

なでしこJAPANを見ていて思うことがありました。「澤穂希、やばい……」。スポーツコンテンツ華やかなりし昨今、ワールドカップ女子サッカーに沸いた日本国中ですが。メディアが持って行きたい方向性の「感動話」とは違う感触のことを考えておきたいと思います。

その前に、テレビ、特に地上波は残酷です。日頃、大して注目していないのに、4年に一度は、女子サッカーにあやかりたいと近寄ってくる。人が集まる祭り状態になると、急に親し気に振る舞い出す。なでしこ達は、前回からの4年間で何をやってきたのか。その真価が問われるのが今回の大会でした。で、結果は準優勝。何を言いたいかというと、「なでしこ、よく準優勝出来たな」ってこと。だって、プロスポーツとしての女子サッカーの状況って、4年間で大して変化していないから。〝興行〟としての女子リーグはまだまだ発展途上。注目度の割に、金も人材も集まらず、インフラも整っていません。決勝を戦ったアメリカはもっと女子プロスポーツとして、実を伴った発展をしているのに、です。

「世間」を擬人化すれば、「なでしこ」という制服に興奮しているおじさんです。このおじさん、制服を脱いだ生身の「女子サッカー」には冷たい。コスプレ的〝属性〟が興奮の燃料であって、普段着のなでしこ達には興味が薄い。0の表情で、冷静にその娘の価値を値踏みしてる。「にわか」は皆そうです。

でも、僕はそこを非難したいのではありません。現状はどうであれ、彼女たちは、異様な執念と情熱でサッカーをしてきている。平たく言うと、金じゃなくサッカーをしてる。その象徴が澤穂希です。彼女が、初めて日本代表に選ばれた15歳の頃、今から22年前、世間は女子サッカーにもっと冷たかった。さらに言えば、彼女がサッカーを始めた頃なんか「女子がサッカー?　変わり者だね」ってな時代だったでしょう。やり続ける理由よりも、辞める理由や、サボるきっかけは、女子なだけにたくさんあったと思います。同じ時期にサッカーを始めた女の子は、ちゃんと普通の女子らしく飽きたり、恋愛に興味を持ったりで、辞めてくなか、澤さんはずっとサッカーが好きだった。

なでしこJAPANって、そういうメンタリティが支柱になってる集合体なんです。つまり「サッカーが異常に好きな女の子たち」。そういうフリークス的観点で僕はなでしこ達を愛でたい。「負けても美しき乙女達！」とか美辞麗句を並べ、やれ「感動をありがとう！」とか言いつつ、実は涙という〝排泄〟を気持ち良くさせてもらってる我々「世間」ですが、その欲が満たされたら、すぐ忘れます。ところが、彼女たちは、ずーっとサッカーのことを考えてる。

4年間だけじゃなくて、何十年もサッカーのことだけを考える人……その代表が澤穂希。と思うと、ヤバくないっすか？　大王イカをずっと追いかけてる学者と変わらないんですよ、あの人たち。その情熱に、ちょっとぞっとしつつ。今後、もし女子サッカーがプロスポーツとして発展していくと仮定して、「打算でサッカーをしない人」がいた時代があったと思えば、貴重な瞬間を見た思いです。

それと、なんにしても、フロンティアって異様な「業」を持ってるよなと。世間の評価が無かった時代から、そのジャンルを盛り上げた人たちを「一期目」と僕は呼ぶんですが。ＡＫＢでもなんでも、耕しちゃう人と、耕した後に入ってくる人では「業」に差があるという話はまた今度。

［2015年7月18日号］

アホ化

世間には「話の通じる相手」と「話の通じない相手」がいます。

例えば、日本に来て爆買いしまくる中国の方々。使う言語が違う以前に、どうも「話の通じない相手」臭い。

価値観や前提の相違ということだと思うのですが。「話の通じる相手」達が育んだ作法やルールが全く通用しない世界がこの世にはあるということに愕然としつつ、これを認めないといけない。だって中国なんて12億人の人口ですよ。人口の割合として、10人中、2人が中国の方々ならば無視することは出来ません。やれ、すぐパクるだ、節操が無いだ、なんだかんだ言っても、彼らには彼らの「お行儀」があるのです。

で、最近思うのは、アホっぽい動員には、アホっぽい動員で対抗するということ。社会学者の宮台真司さんは言います。「表現」と「表出」は違う、と。要約すると、現代人は、考えて行動する「表現」より、「考えずに行動する「表出」を取りがちということでしょうか。ネトウヨと呼ばれる人たちを典型に、感情をそのまま出力させてしまうタイプの人たちの行動原理などについての言及なんですが。これ、本当にその通りだなと思うのです。これに理性的な表現で対抗しても意味がないと思われます。そこで僕は、より純粋になり、幼稚になり、動物化する傾向を「アホ化」と名付けました。

拙著『一億総ツッコミ時代』で指摘しつつも、越えられなかったポイントは、「ボケ」という〝表現〟にその活路を見出す方法。そのつもりだったのだけれど、どうも時代は変わりそうにない。やっぱり「表現」は、痛みを伴う経験が必要な、面倒な行為。なので、感情的なアホには無理、ということに挫折していたわけです。

個ではなく、集団になるとアホ化が加速するのは、いつの時代も変わらない。で、これを政治的な利用法で、ポジティブに変換したい。

ラジオや書籍という媒体は、いわゆる「話の通じる相手」です。そこでは、自分のシンパとの濃密なコミュニケーションを取りつつ、マキタフリーメイソンを作っていきながら、一方で、自分が「ボケ」るのではなく、「アホ」の旗振りをするアホになるにはどうするのか。どうも最近、「話の通じる相手」という〝同人〟に対するアプローチより、「話の通じない相手」という〝別人＝アザーズ〟を、どう動かすかに興味があります。

近頃、僕が提案したことでジワジワ世間に浸透している「10分どん兵衛」は、図らずも僕の言う「アホ化」的な動員になってしまっています。〝僕が提案〟とうっかり書いてしまいましたが、自分の手柄感は「アホ化」には邪魔です。それに「10分どん兵衛」はもう僕の手を離れて行きました。でも、こういうある種のオープンソース的なやり方の方が、話の通じない相手に届くということを体験しましたね。

あと、音楽で言うとＥＤＭ。これなんかも「アホ化」物件ですね。よく言われる「ＢＵＭＰ ＯＦ ＣＨＩＣＫＥＮに救われた……」みたいな風潮とは真逆にある音楽、それがＥＤＭの可能性です。クラブに行って楽しむような連中には、「ＢＵＭＰ～」云々を言いかけたそばから、テキーラで乾杯されてしまうだけです。それを考えるとオリラジの『ＰＥＲＦＥＣＴ ＨＵＭＡＮ』なぞは、素晴らしいアホ化物件です。「お笑いは発想」とか言ってるマニア、つまり話の通じる同人の頭上に、シャンパンをぶっ掛けるような清々しさがあります。

［２０１６年４月９日号］

無口

「無口」に興味があります。一方「饒舌」さは、なんか貧乏臭い感じがする。

僕が「無口」という時、それは単に言葉数のことだけを指しません。言葉数が多くても「無口」はあると思うんです。僕はこれまで割と自己言及的言動が多かった気がします。逆に言えば、その無駄口、余計な一言、不必要な追求などが僕の芸風で、結果、音楽や著作物など作品になってきたとも言えるわけですが。だからこそ、「無口」に憧れる。

例えば〝無口の雄弁性〟ってことで言うと、『報道ステーション』の頃の古舘伊知郎さんはどうか。逆に、明石家さんまさんのあの狂気の多弁性は、反面、無とか虚無が見え隠れします。そもそものポテンシャルエナジーが高いお二人ならば、そういったマックスとミニマムの振り幅があって当然かと思いますが、あるいは、雄弁性と無口性をメディアによって使い分けたりする伊集院光さんのような存在も気になります。

「サブカル系の人が演技をしていると見ていられない」と、以前、水道橋博士氏は言っていたことがありました。曰く「俺、こんなこと言っちゃってるよ……フフフ」というエクスキューズがお芝居の行間に臭うと。これは〝無口の雄弁性〟が裏目に出てるということだと思われます。僕の場合は、役者の仕事をしている時はたぶん、無口の雄弁性が良い作用をしているのかもしれません。もっと言えば、ピエール瀧さんはどうでしょう。更に、リリー・フランキーさんなんかはどうか。お二人に接してみた感じ、また、僕のことも踏まえて言えば、役を演じることに無責任でいるということは共通しているように思います。

どういうことかと言うと、例えば、サブカル系のファンに「魂売った！」って思われても全然構わないって思っているところですかね。まぁ、サブカル系のファンというのは、言ってみれば、一番のファンは自分自身だったりしますから、それはおそらく自分に対する言い訳だったりします。結果、その饒舌さ加減が人を冷めさせるのでしょう。瀧さんにしても、リリーさんにしても、オーダーをしてくれた相手に100％お応えするというスタンスで、「自分の本職はどこだ？」みたいなつまらない自己言及をしないのが潔いと思われているような気がします。

「好きなことを一生懸命人に喋っている人」が堪らなく可愛らしく見える瞬間がありますが、己の「好き」を孤独に極めている道程は、絶対に無口なはずです。もっと言えば、無口の究極と言えば「茶道」。ただただお茶を飲むってだけのことにいろんな形式とか、ルールがある。こんな無意味も無い。そこにルールを作った人はおらず、茶器や、にじり口とか物質があるだけ。だけど、こんなおしゃべりな芸能も無いと思います。こんな無意味を作り上げたのだから、そりゃもう裏には相当な理屈や、雄弁性があったに違いない。

考えてみれば、日本の芸事は、省略↓記号化するなかで饒舌さを削いでいき、人に語らせる隙を作ってきているような気がします。お能なんてまさにそうですよね。そう考えると、ラーメンなんかでも二郎系とかおしゃべりなラーメンなような気がするし、アイドルもちょっと饒舌過ぎるし、それに比べたら宇多田ヒカルの無口性ってのが益々希少であるということがわかります。「無口」さと、「饒舌」さ、当分このことを考えそうです。

［2017年5月6日号］

未開

自分が何にトキメキを感じるのか考えます。すると『未開』にたどり着く。

例えば、カレー。僕の場合は、「どこそこのお店のカレーが美味い」とか、食べログ的な指標に全くトキメキを感じません。そういうものが嫌いなわけじゃなくて、トキメカないんです。それよりも、まったく洗練とはかけ離れている「家カレー」にピクンと来る。余所行き用に着飾った、どこから見ても、全方位からのツッコミに対してディフェンスが行き届いたファッションより、油断した部屋着にピクンと来るのと同じです。

2015年に僕が発信して話題になった「10分どん兵衛」も、僕の〝部屋着〟的なものでした。マーケティング的な観点で、そのネタを出したわけでは全くなく、「ここだけの話、恥ずかしいけど……10分ぐらいかけてどん兵衛をふやかすと……うまい……」という、言ってみれば「告白」。それが思いのほかバズることになるわけですが。それで益々思うわけです。僕や、僕のような現代人は、何にトキメキを感じるのかと。仮説として言えるのは、件の「家カレー」にしても「10分どん兵衛」にしても、天然性なのではないか。つまり、この天然の美を求める心がすなわち『未開』という概念に繋がると。

そもそも現代は、現代人のエゴとして、『未開』を有難がって来てないでしょうか？　文化人類学で言う、未開の部族とか、西洋美術史から見た第三世界の美術とか、日本人から見たポンチャックとか、都築響一さんの東京の東側のやつとか、スナックとか。そういうローカルな天然性にトキメキがちなのが現代人でありし、かくいう僕も御多分に洩れず、なのです。

ただ、大事なのは、そういったものに「半笑い」で接するのはノーグッドだということです。本域でピクンと来るかどうかが大切な気がします。都会人が「田舎、やばいよね〜」ってヘラヘラ言ったら怒られます。それと同じで、『未開』に対しても敬意を持って接しないとダメ。

最近やたらトライブ、トライブとか言うのもまさにその表れじゃないでしょうか。部族という一番プリミティブな集合体にトキメクのでしょうし、都会化が極まると、原点回帰して田舎性を求める。ネットスラングも部族化しているからこそ使われる里言葉だし、方言だし、訛りです。

僕は最近「愛のサイズは小さくするべき」と言っていて、それは何故かというと、「愛国」とか「人類愛」とかが嘘くさいからです。平均点的な言葉より、個人的な言葉の方が時と場合によっては力強いじゃないですか。自分を懐中電灯ぐらいの光量と考えてみるとわかるんですが、愛国とか人類愛は、懐中電灯が遠い。結果光量が薄まるし、外角がぼんやりしてくる。愛の基本は「立って半畳寝て一畳」の身体のサイズ感が基本で、それが近くで懐中電灯を当てていることになるんだと思います。

こう考えてみると、洗練の果てはさらなる洗練ではなく、「野暮」だったりするのかもしれません。あるいは、大味、荒削り、杜撰、無作法、チープさ。ユーチューバーなども未開の部族がやってる〝無作法で粗削りな野暮〟だと思えば、世間の訴求しているポイントがわかります。

［2017年5月20日号］

○○警察

どんなジャンルにも「歴史と文脈」があって、それをよく理解して支えているのが、マニアやオタクと言われる人たちだと思われます。流行が訪れると、ニワカの人が発生する。そうすると、マニアたちは眉をひそめる。自らが、誰も注目していなかった時代からずっと守ってきたものを踏みにじられることになりそうだからです。また、各ジャンルには、歴史や文脈に対して敬意を持つタイプと、そういうことに意識が低いタイプがいます。意識が低いタイプは「面白ければなんでもいい」という野蛮な理屈で、旧来の保守勢力と断絶します。でも、持ち前の大量動員の精神で、多くの利益や、ジャンルの活性化を進め、やがて、マニアを隅に追いやり、分断が起こる。リスクも当然あり、ジャンルが盛り上がったのはいいが、脈々と受け継がれてきた本寸法がわからなくなってしまう。

以上、このようなことは〝繰り返される諸行無常〟として、人間生活のいたるところに存在するエントロピーの法則的問題……。こういった〝物事の方向性〟の中に、最近新たな価値観が絡んできています。

前置きが長くなりましたが、今回はそのことについて書きたい。

「○○警察」がそれです。ネットの時代にあって出てきた新たなムードだと思われ、この〝余計なおせっかい〟が凄く場の雰囲気を悪くしているような気がするのです。○○警察（例えば、ジャズ警察やヒップホップ警察などなど）は、恥知らずなニワカや、間違った知識を取り締まるわけですが。一見正しいことが行われてきているように見えて、実は「調子に乗ってる奴を許さない」ってだけだったりします。また、悪意を含んだその意識が、新語として「○○警察」と名付けられたことで、大義を得てしまった。

各ジャンルには受動層、浮動層、求道層がいます。受動層はただ受け取るだけの人、求道層は探求する人、浮動層は受動層寄りの人もいるし、求道層寄りな人もいるゾーン。で、求道層寄りの浮動層の連中が○○警察になってはしゃいでいるような気がします。

受動層、浮動層、求道層の上に存在しているのが「極道」だと僕は考えます。極道は、文字通り極まっちゃってるので、人の世話を焼いたりしません。そんなことに血道をあげる暇はないので、自分一人でどんどん極まっていくだけです。そういう人から見たら、○○警察なんて言ってる連中なんかはエセだし、ただのヤキモチ焼きってことでいいんじゃないかと。

ってことで、つい先日ツイッターで「文化レイシストっている」とつぶやいたところ、見事に、自称「言論警察」に捕まりました。

ところで。テレビで現在の片岡〝ヨガマスター〟鶴太郎さんの姿を見たら、どうですか、あの人こそ極道じゃないですか。誰しも鶴ちゃんにはなれません。でも、○○警察を名乗る人も、「他の声」など振り切ったとこで、その道を追求している人を見て、己の行状を恥じていただきたく思いますねー。

［2017年8月26日号］

追記：基本、文脈を無視する人が次世代へのバトンを渡すことを見逃してはいけない。それと、愛があるもの程、老害化し易い。

昭和とは

昭和について考えてます。ボンヤリと。

というのも、平成も14年も経ってから生まれた長女が、最近「パパは昭和生まれでいいなー」とか言うからです。娘は今、沢田研二さんにハマっていて、朝から晩までジュリーの映像を見まくり。挙句「奥さんの田中裕子が憎い！」とか言い出す始末。ジュリーのいた昭和を想い、夜部屋でギターを弾きながら目に涙を浮かべてジュリーの歌を歌うのです(まったく脚色無し)。熱を冷ますために一応〝現在の沢田研二〟さんの画像を見せましたけど。「これはジュリーじゃない！」「あたしが愛したのは昭和のジュリー！」と言って聞きません。

さて、娘の憧れる昭和ですが。時の過ぎゆくままに身を任せていたら、気づけば平成も終わろうとしています。最初のうちは「昭和は良かったんだぞ、今よりおおらかで」なんて、色々が整い過ぎた現在の窮屈さを気の毒に思いながら、自己肯定をしていました。でも、果たして昭和が本当に良かったかどうかを落ち着いて考えてみるに、やはり「ちょっとレギュレーションが違い過ぎ」と思い至るわけです。

まず、野良犬がいましたよね。あと、犬のだか人のだかわからない糞が結構道端にありました。あと、さも粋に痰を吐くおじさんがいましたし。とにかく不衛生。なので、僕なりの〝ALWAYS 三丁目の夕日〟を回顧すると、途端に「雑過ぎる昭和」が浮かび上がります。

人工甘味料、合成着色料を使いまくった食べ物、人種・性別を差別する風潮、川に立ち小便、くわえ煙草で赤ん坊を抱っこしているお父さん、死人が出る炭鉱、トルコ風呂、体罰、普通にいた分かりやすいヤクザ（野球とか教えてくれた）などなど、今日的な視点だとありえない物件がゴロゴロ存在していたことが思い出されます。

確かに、今の時代、各分野がパーテーションで仕切られた環境作りが進んで整頓された社会です。そりゃもう息苦しいほど潔癖。ゴールデンタイムでプロレスの流血戦や、おっぱいポロリがあった頃を知っている僕からすれば、マーケティングも、ターゲットも、編成もクソも無いわけで、でも、それ故のダイナミックさはあった。でもでも、踏まえれば、そのおおらかさの果てには公害問題があったのです。それが昭和です。

娘が見ていた昔の歌番組の動画。司会者はやけに上から目線。ぞんざいで一方的なトークを展開した後、くだらないダジャレを言ったかと思うと出し抜けに「新曲なんだよね、どーぞ」と促したのです。するとジュリーは帽子を斜に被り直しきちんと歌い出しました。

「ねぇ、こんな雑なフリでも歌い出せるジュリーって凄くない？」感動した娘はそう言いました。確かに……。司会者の技術、トークの質、歌手の地位も、番組のオペレーションもだいぶ違っていたんだなと。

平成はいろんな問題があったけど、そんな「小さな昭和」から、現在地の〝進歩〟を感じられて大変興味深かったです。

［2017年11月22日号］

2 第二芸能界

芸能界の「定番」について

芸能界の定番と言えば、やはり木村拓哉でしょう。でも、実際キムタクのファンって見たことあります？　僕は面と向かって「キムタクが好き！」と言う人間にしばらく会ったことがありません。キムタクと言えば『ａｎａｎ』の「好きな男ランキング」でした。たしか15連覇で幕を下ろした格好です。「盤石」はきついと思うんです。横綱と一緒ですから。勝ち続けるか、星の売り買いするか、引退するかしかない。端的に言えばもう木村拓哉は一代年寄として「キムタク」を襲名すればいい。そうして〝モテ〟の権化、言わば「型」となるのが最良かと。キムタクのファンを見たことがないと言いましたが、つまり「言うまでもない」んですよね。存在が象徴化して〝エア化〟しているんだから凄い。きっと「メートル原器」のようなもので、男前ぶりを測る〝モノサシ〟です。キムタク以外のモテ男のサンプルなんて、所詮デザインの違うファンシーな〝サンリオの定規〟程度。その差異などあまりに些細で取るに足りない。モテたい男子は、木村拓哉の拓いた座標の起点を〝キムタクポイント〟として、そこからプラスに行くか、マイナスに行くか、要は、キムタクになるか、キムタクにならないか、という進路を決めれば良い。

ついでだから『ａｎａｎ』という定番雑誌のことも。『ａｎａｎ』ってもっと尖鋭的な雑誌で。女性の立場が今より低かった時代、『ａｎａｎ』はラディカルな野党として、外側から体制側を撃つトッポイ存在でした。昔は「物言う」雑誌だったんですよ。それが今や完全に保守本流となっている。で、相変わらず何か「物言う」風ではあるけど、ほぼ何も言っていない。未だにウケるヒット企画、「ありがたみ」の基にあるものは、『ａｎａｎ』がトッポかった時代に貯めた印象の預金で、それを今食いつぶしてます。だいたい、好きな男の順位をつけるなんてどんだけ下品な企画なんだと思う。そういう「下品さ」はかつて男側の専売特許だった。男は下品と上品とを内包しており、女は「上品」の保有しか許されていなかった。そこをあえて『ａｎａｎ』が侵し、越えた。その「下品さ」がトッポくて格好良かったわけで、「逆にアリ」という〝跳ねっ返り〟な芸当だったわけです。それが今じゃ「裏が表」になった状態。そしてその「裏が表」になった状態というのが、ＳＭＡＰの存在とダブるんですよね。

ＳＭＡＰって、当初は〝脱〟光ＧＥＮＪＩであり、反アイドル的であり、ジャニーズ内の保守本流（例えば「忍者」）とは違うはぐれ者集団っぽかったんです。「僕らアイドルでーす！」って言い放ったジャニーズ初のメタ・アイドルでした。歌う歌も自己の半径1メートル内感バリバリの、具象的内容でしたが、それが今や、ポジション変化とともに超越的視点で「世界に一つだけの花」です。

定番といえば、「ビートたけし」と「長渕剛」についても。お二人とも昭和から平成に至る現在まで、ずーっと活躍しています。

まずは、長渕さん。こんな人なかなかいません。僕は長渕さんを「命がけのボケの人」と定義しています。思想も肉体もアップグレードしていく彼ですが、基本にあるのは、「敵か、味方か」の思考基準です。「田舎 vs 都会」、「個人 vs 国家」、挙げ句、今回の震災後、自然に対してさえ「憎い、俺達が何をしたというんだ」と「自然災害 vs 人間」で対決してしまいました。普通ならしょうがないと片付ける事柄でさえ vs の構えです。それを拡大解釈すれば一億総マスコミ目線の「ツッコミ時代」に対する「ボケ」という対立構図ではないでしょうか。

　価値相対主義的な「面白がり」はもう有効でないと考えます。震災も経て、時代はメタ↓ベタへと傾斜しているんです。そんな中「長渕剛」という定番は、安定して「ボケ」倒している。とてもロマンティックです。僕はもはや彼を、仮面ライダーとかの〝超人モノ〟と思って観ています。知り合いの言葉の解らない外国人でも、長渕を爆笑しながら「かっこいい！」と言います。

　そして、たけしさん。ネタ番組も次々と終了し、紳助さんも引退、お笑い界の〝潮目〟も変化してきました。でも、たけしさんは異様な「やる気」。これ以上〝売れて〟どうしようというのでしょう。やや違和感があります。アラウンド70の人間にあれだけ仕事があり、あまつさえ気合充分にさせてしまうという事態はやはり異様。しかし、だから面白い。「ガッツのあるオジイサン」は見ていてやはりおかしいし、普通、オジイサンはあまりガッツがありません。

　不景気により、いろいろが保守化して、クライアントが「ブランド」に解を求めるという現象がありす。わがままな視聴者（消費者）は、本質的に〝自分よりわがままな者〟に救いを求める。それは〝夜の商売女〟が猫を飼うようにです。人の顔色を窺う不安定な政治家より、安定してわがままな独裁者に支配されたいと考えるのでしょう。たけしさんは、とびっきりのわがままです。レベルが違う。

　人間は「正／不正」ではなく「強／弱」という価値に沿って実は暮らしている場合がほとんど。間違ってはいても〝確信に満ちた〟人の話に耳を傾けるものです。そうして「強き者」＝「圧倒的な欲望」にすがる。

視聴者は移ろいやすいものより、確かなものを求めます。なまじっかな「お笑い」よりも「面白い人」を観たいのだと。テレビを見渡せば、我々はいつの間にか〝そういう生き物達〟を「ビートたけし」に限らず、ここ30年も定点観測させられていたことに気づかされます。こちらが面白がっているのでなく、面白がらされている。猫はかわいいと思われたくてそうしているのでなく、猫は猫であることに忠実なだけでいいのと同じ。これは『お笑い』が面白いのではなく、「面白い人」が結果『お笑い』であったと考えた方が自然です。

インスタント麺（及びカップ麺）の売れ線は、それらが多数出始めた30年以上前ぐらいからベスト5が固定化されていて、下位が入れ替わっているだけだそうです。我々は「インスタント麺」を食べているのではなく、〝サッポロ一番〟を食べているのです。あるいは、カップヌードルはカップヌードル味だから食べたくなる。

たけしはたけしに、長渕は長渕であることに忠実で、そしてブレない。ブレない手元が映し出すビジョンは明確です。「遠慮をする独裁者」はいません。今は英雄がそのままの動作基準で遠慮せず動き回っているだけ。そしてその独裁者を呼ぶのは我々なのでした。

［2012年1月21日号・2月4日号］

芸能界における「アイドル」の出現とその本質

アイドル戦国時代と言われる昨今。たしかにAKBを筆頭に、群雄割拠な現状です。今回はかいつまんで、日本における「アイドル」について思うところをいくつか。

いわゆる「アイドル」出現以前と以後では、芸能の在り方も大分変わったと思われます。それこそ、ひばり、チエミ、いづみの時代は言うに及ばず、中尾ミエ、伊東ゆかり、園まりといったナベプロ三人娘までの時代は「板付きのプロフェッショナルな芸」を搭載していなければいけなかった。

そもそもナベプロが現芸能界の礎を築いた時などは、まだ、軍のキャンプ回りや日劇といった〝芸能の鉄火場〟とも言えるショービジネスの本懐が機能していました。そういった場で磨かれ、研ぎ澄ました「芸」がなければ〝本物〟っぽくなかったわけです。

そしてテレビが大衆に普及していく時代へ。それ以前はアメリカのショービジネスの猿真似や、〝本物っぽい芸〟で、エンタメを供給すれば良かったのですが、時は経ち、どうもシックリいかなくなってきた。そんな時に現れたのが、日本独自の「アイドル」だったのではないかと思うのです。テレビを主戦場とする芸能は、本物の重たさより、偽物の軽やかさの方がフィットし、かくして芸能は視点と支点が移り変わった。

日本テレビの『スター誕生！』は、非ナベプロ勢力で作った新たな芸能界のシーンでした。このあたりから出たアイドル達の最大の特徴は「低年齢と低歌唱力」です。明らかに前時代の芸能から潮目は変化しました。もちろん歌唱力が売りの歌手もいましたが、既にそれが「売り」という時点で、そこは全体の条件ではなく、部分化されていたことの証明なのです。

押し出すプロの芸より「存在感」という、よくわからないものをスペック化しなくてはいけなくなりました。そしてそれは、無垢で、いたいけで、移ろいやすく、儚く、脆く消え去っていく「終わりを見る芸能」という、高度に見方を問う芸能にまで進化したことを意味しました。

年端も行かないアイドル自身は「自我の外側」から観察されるという、リアリティショーを生きなければならないという状態になっていったのです。

アイドルに限らず、芸能者は、とどのつまり「自立した芸」を志向します。己の力で見る者達を魅了したい欲望に駆られるのは当然でしょう。自分の歌声で感動させ、演技で涙させたい。最終的に芸能の水際に立つのは自分であり、はじめてしまえば、全ては自分の「芸」で勝負するしかないのです。しかし、その邪魔な「エゴ」を端から奪う、一見、己で自主的にやっているように見せかけて、実は「自主他律」的に他者に演じさせられている。そんな〝ねじれた芸能〟が「アイドル」の本質なのでした。

［2012年3月3日号］

石眼と星眼

「人の目」について。〝目つき〟ですね。これで、はっきりわかることがありまして。「芸人の目は恐い」。ほとんど〝石ころ〟みたいな感じです。普段の目が特にヤバい。

芸人と他とを分けるのは目つきです。役者も普段目が怖い人はいます。特に脇役の人に多い。主役でもいますが、そういう人は半雌雄みたいな性質で、攻めも受けも出来る人。将来は脇に転向するのもスムーズでしょう。

石のような目をしている人達を「石眼」勢、対して、嫌に目がキラキラしている勢力を僕は「星眼」勢と呼んでいます。お芝居をするとよく解るんですが。例えば芸人が俳優業をやると、一人だけ目つきが違う者が混じってる感じになる。だから見てるこちらがモヤモヤする。例えばそれは、一人の作者の描いたマンガの世界観の中に、別の作者の創作したキャラが混じっているようなもの。鳥山明の世界に、荒木飛呂彦のキャラは馴染みません。たぶん専門の役者の人でも、石眼の人は適宜目をキラキラさせたりすることが出来るし、基本的には星眼の人達でなくては、俳優の世界は生きていきづらいのかもしれません。

自分のことでいうと、石眼と星眼と両方持ってると思います。スイッチングが可能。例えば、ロンブーの淳さんとかは石眼です。で、淳さんに弄られている狩野英孝の目は星眼。「じゃあ〝天然〟がそうなのか」と言われれば、たしかにそうなんですが、もっと言うと「自分が中心」か「世界には秩序がある」と思っているかの違いが大きい。前者を「オンリーワン了簡」、後者を「ワンオブゼム了簡」と分けます。いわゆる「アーティスト」は、どこか「自分という中心点があって、世界がある」という〝思い上がり〟がないとダメだと思います。そのぶん無防備で無垢で、結果目がキラキラし出す。だから、目自体は怖くないんです、実は。それは長渕さんであったとしてもです。よーく見て下さい、長渕さん、星眼だから。
あと、サバンナ高橋さんは何度かお見かけしましたが、バラエティ番組ではどちらかというと弄られ役なのに、普段はめちゃくちゃ石眼です。ロッチのコカドくんもしっかり石眼でした。やっぱりお笑い芸人は警戒心が強いのかなって気がします。すごく徳の高いお坊さんみたいな感じもするけど、実は人斬りの眼をしてるような相反するものを同居させています。基本的には静かなる狂気の目つきなんだと思います。それが芸人の本質かなと思うし、僕基準だと、その方が信用できる。王様と道化師でいったら、道化師のほうが怖い目なんです。

これはたぶん「猜疑心」の有る無しですね。何かが襲ってくることに関して不安を抱えたり、あるいはそれに備えて準備をしたり、一方で人の弱みにつけ込んだ野心を抱いていたりとか。それらが芸人の目には全部備わってます。だから基本的には芸人の目は〝疑いの目〟なんです。特にネタを作るほうのクリエイティブ担当はそう。星眼の人は王様気質で主役感が強く、本質的に「ボケ」ですね。で、石眼がそれを気遣う。なんかSM業界の金言「SはサービスのS、Mは満足のM」みたい。つまり、世界は石眼と星眼で出来ているのでした。

で、僕なんですが、もちろん〝自分大好き〟で〝性善説〟的な「星眼」人種も好きなんですが、どうも〝人に期待せず〟性悪説的な「石眼」人種のほうが個人的には好きなようで、気付くと〝石眼ウォッチャー〟

になっています。

先頃、大きいイベントをやったんですが。イベンターとかって、石眼の中でも、とびっきり冷酷な「羊飼いの目」をしてるな〜と。本物の羊飼い、見たことないけど。あれは人を人とも思ってない目です。でも、この〝目つき〟は、特に中規模・大規模のイベントには必要なんです。どうしてかというと、〝ワケの分からんこと言う人〟がいるからです。例えば、ナチュラルクレーマーがいます。本人が意図してクレーマーになってない人のことです。昔こんなことがありました。

深夜を跨ぐイベントだったため、そのイベントは身分証明書を必要としました。「身分証明書を忘れた」と言ってゴネるそのナチュラルさんは、受付でさんざん押し問答を繰り広げます。「チケットは買ったんだから権利はある」とか、「自分は埼玉から来たが、今から取りに行ってたらお目当てのバンドが見れない」とか言っています。挙げ句その方はこう言いました。「ワタシがもし北海道からわざわざ来てた客だったとしても、アナタは帰すんですか！」喩え話じゃねぇか……。

でも、こういうことを言ってしまう人に、うっかり「人間らしい応対」とやらをしてしまうと統制がとれなくなるものです。そんな時には「羊飼いの目」は有効です。困惑する受付に呼び出されてやって来たその羊飼いは、抗議するナチュラルさんに向かって袈裟斬りにこう言いました。「埼玉から来たんですよね、はい、次の方、どうぞ〜！」まったく意に介しませんでした。やはり興行には、こういう「毒」は必要だと思うのです。

［2014年6月21日号］

わがままパルピテーション

朝ドラ『花子とアン』に出演していました、マキタスポーツです。さて以前、別の場所で『あまちゃん』を語った時に僕が取り上げた、朝ドラの四原則というのがあります。①女の成長譚　②方言（コスプレ）③戦争（最大の苦難）④ナレーション。

これらがレギュレーションとなって行われているのが朝ドラです。〝花アン〟の場合も、これらの規定を脚本家の中園ミホさんは丁寧にこなしています。言わば〝朝ドラ大喜利〟。「上記の4つを使って話題を集めなさ〜い」と、NHKという司会者から無茶ぶりされている。中園さんご苦労様でした。

なかでも年々凄くなってきていて注目したいのが②です。方言のコスプレ感がハンパじゃなくなってきました。もっと言うと、衣装も文字通りコスにしか見えない。でも、まともな演技論でこれを語ってはいけません。「本人と役の乖離」とか言い出すとキリがない。朝ドラってもっと軽いものです。コスプレである以上、「芸能人かくし芸大会」的な匂いが正解なんです。まして、大昔の浅茅陽子の『雲のじゅうたん』の頃には「コスプレ」という概念すらなかったわけで、単純に昔の方が良かったとかそんな話ではないので悪しからず。

一つに、戦争がリアルじゃなくなったというのは大きい。もう〝知ってる世代〟が少なくなってきました。で、〝レトロな時代設定で、現代のお噺をやる〟というパターンに落ち着いている感じ。『あまちゃん』は現代劇でしたが、東北の震災をドラマの動力源、つまり③として使用し、「物語」に説得力が増しました。

いわゆる〝現代女性の苦難〟って、朝ドラにはまだ早いのかもしれず、大きい柱として「昔ばなし」を担保に、ある種の〝やりたい放題〟を実現しています。凄いアイデア！

〝花アン〟では「パルピテーション（ときめき）」というタームが出てくるんですが。それ、明治や大正の時代なら単なる「わがまま」ってことですから。当時の〝山梨の百姓〟に「個人のときめき」なんて寝言でしかありません（逆にその観点で見たら、花は狂人すれすれ。僕が監督するなら「パンクス花子の人生」とでもする）。だって「花子と呼んでくりょう」ってな人ですよ？　今の社会ならすぐ経歴詐称、演技性人格障害だと病人扱いされて、神話など生まれません。

でも「近代的自我を持った女性だったから安東はなはすごかった」という話ではなく、あくまで現代の位置から現代的な物語として、軽やかに、コスチュームや言葉だけを替えて「私だって働きたい！　恋がしたい！」みたいなことをやっているのがちょうどいい。僕はこの適温を知ってから朝ドラが好きになりました。ライトノベル感というか。本気度が邪魔なんです。例えば、朝から〝身を削って書いた血の文学〟みたいなのって読めないでしょ？　朝ドラは、朝ドラを次々生み出しながら、朝ドラでしか描けない、正しく奇形様式化されたものを作り上げた。かつてのプログラムピクチャーが、独特のジャンル映画を創出したようにです。素晴らしい。

ところで「わがままパルピテーション」ってＡＫＢの曲のタイトルみたいです。朝ドラのＪ-ＰＯＰ化ってことなんでしょうかね。

［２０１４年７月５日号］

ゆるくないキャラ

それにしても最近は〝ゆるい〟ものがウケています。人の評価軸に「ゆるさ」が加わったのは、いつ頃からでしょうか。まぁ、原因を探るのは他の方にお任せするとして、ゆるキャラに対抗して、〝ゆるくないキャラ〟って誰なんだろうと考えました。で、パッと思い浮かんだのが氷室京介。

「ゆるさ」というのは、ツッコミが織り込み済みということだと思うんですが。ほとんどにおいて「ダメだね～」と言ってもらうことを前提にそれらは作られています。欠けた状態で提示して、もう半分の欠片を補ってもらって完成するという、わざと杜撰さを演出する、言ってみれば、それを見る側に対する〝目配せ感〟が特徴です。「ゆるい」と同質のものに「グダグダ」もありますね。グダグダというのは、「整ってない」とか「まとまってない」という状態。そう考えると、氷室氏は、ゆるさとかグダグダとはつくづく無縁な人物だなと思えます。

そんなことを考えていた矢先「氷室、活動休止」の報が。しかも理由が「体力の衰え」と。全然ゆるくない。グダグダになる前に身を引いちゃうんですから、みっともなくないことこの上ない。

「馬場化」と呼んでいるんですが、芸能人も、体力の限界が見えてきた時に、アスリートとしての面を諦め、往年のジャイアント馬場みたく様式美に徹することで延命するという方策もある。馬場化するということは、経年変化した先にある、ゆるキャラ化だと思います。あらかじめ、ゆるくある事を目的としたものではないので、妙な目配せ感はなく、説得力もあり、なかなかにかっこいいものです。それでも〝動く馬場〟をドキュメントとして見たいという欲求はこちらにはあるのであり。馬場が辛くも足を持ち上げたところに合わせて、例えば、相手のレスラーが胸をぶつけに行くことで16文キックを成立させるという思いやりプレイがありました。しかしそれは、その果てにある一つの芸の「型」を見た感動だったと思うんです。氷室氏も馬場化しても良さそうなものですが、ストイックな彼のこと、引退という、実にビチーッとした余白のない行動に出るのでした。やはりゆるくないキャラです。

結局、「集中力」だと思うんです。見てる人の意識を全て集中させることが出来るものがゆるくないキャラなんでしょう。他の物を省略してしまうぐらいのもの。「眠気 vs 氷室」「にんにくの芽を炒めた匂い vs 氷室」とかやってみるとわかると思うんですが、おそらく氷室が勝つ。よく考えてみて下さい、現実に氷室が現れるんですよ、だいたい氷室が勝ちますね。背景にある現実感が消えて、意識を氷室京介のみに集中させてしまうんじゃないんでしょうか。それが〝信心〟であり〝カリスマ〟ってことです。批評とかツッコミとかをはね除けてしまう強さ。つまり、コンセプトがずば抜けて圧倒的で、だからこそ、安心してその世界に没頭できる、委ねることができるわけです。

隙があるとか、未完成とか、不完全なものとかも大事ですけど、氷室京介という存在を通して「構築度」みたいなものに思いを馳せている今日この頃です。

［2014年8月16日号］

追記：「ユル」と「キツ」をオルタネイトするのがベター。わざとゆるい表現に落とし込む方法を〝ユルアウト〟という。

芸能人のお金

『ダウンタウンDX』に出た時のこと。「芸能人の財布の中身」というコーナーで、共演者の方々の財布と、お金の扱いが非常に興味深かったんです。

渡辺直美なんかは、カバンの中に無造作にお金をぶん投げてしまってあるし、かと思えば、フットボールアワーの後藤くんは、長財布に新札をキチンとしまってある。哀川翔さんは、毎年財布を替えるといいます。なかでも、一番面白かったのは、ほとんどの芸能人の方々が、お札を財布の中に逆さまに入れていることでした。特に芸人、しかも、長らく売れてる人ほどそうしていました。

小銭は別の小銭入れに、長財布には必要最小限のカード類と、領収書も入れず、お札だけを入れて、しかも、逆さまに入れる。勝俣州和さんなぞは、一万円札の端と端をうまく折りたたんで、0を繋ぎ合わせ「一億円札」なるものを作って財布の中に入れています。

それに比べて、まだ売れたてホヤホヤの8・6秒バズーカーと、僕なんかは、そこらへん無頓着なもんで。僕の場合は、お札の向きはメチャメチャ、領収書は束で入ってる、小銭入れも一緒なやつで、しかも、それには自分的に拘りがあり、巾着式に小銭が俯瞰で見えるタイプ。おばちゃんが持ってるようなタイプのやつです。

で、思ったんです。これはどういう傾向かと。要するに皆〝ゲン担ぎ〟をしているのです。「ゲン担ぎ」ってのは、言ってみれば信仰心。信仰心という信心の内訳は、実は「自分を信じる力」。これって、自己愛なんじゃないかと。

長らく芸能界という不安定な世界で生きていくためには、そういう「意欲」が強くないとサバイブ出来ないのではないでしょうか。はたから見れば、「そんなの嘘だよ〜」と思えることでも、何も保証がなく、寄る辺がない世界で、どこか自分を律するための心持ちというものが必要なんじゃないかと思うんです。〝執着心〟というか、業というか、自己愛というか、「この世界で絶対生きていくんだ」というプライドを感じます。

渡辺直美みたいな、怪物性のある凄玉なら、いざ知らず、僕なぞは、そこら辺は実にチャランポランというか、無意識です。あるいは、8・6秒バズーカーなどは、まだまだ本当のルーキーです。彼らや僕も含めて、「メディア年齢」が若い人は、そのあたりの作法に疎いのかも知れません。おそらくですが、僕が迷い込んだ世界は、「芸能界国」という国で、そういう信仰がベースにあるんだと。ならば、面白いから、僕もいっちょやってみようってんで、さっそく、お札は逆さまに入れ、領収書は一緒にしないところから始めてみました。ちなみに、逆さまに入れるのは、金が貯まるから、そして、領収書を入れないのは、もう使った古い金だから、だそう。

僕もまだまだこの世界で頑張りたいし。金に対する執着＝自己愛、すなわち、生きる意欲ですから。つーか、本音は、全然まだ稼げてないから、お金欲しいだけなんだけど！

［2015年5月9日号］

見えてる人

「見えてる」という状態があります。または、「見えてる人」ってのもいいでしょう。とにかく、他の人は見えてないのに、その人にだけは「そう見えてる」という状態。これを僕は今までの人生で何回か味わってきました。例えば、ビートたけし、コロッケ、ブルーハーツ、マイク・タイソン、羽生善治、マイケル・ジョーダン、イチロー、小沢健二、宇多田ヒカル、などなど……。他にも、「見えてる」状態にある人がその世界を変えてる瞬間を目撃してきました。

先日、放送作家の町山広美さんと、故ナンシー関さんについてのトークショーをしました。ナンシーさんは「見えてる人」でした。町山さんがおっしゃっていたのは、「ダウンタウンという〝見えてる人〟を評するのに、自分の見えてる状態を図らずも語ってしまっている」と。

ナンシーさんは、'90年代のダウンタウンの凄さを「地肩が違う」という言葉で説明するんですが、その説明をするなかで、ダウンタウンのお二人の「見る力」を端的に示す用語として、当時二人がよく使っていた「きっつい」というフレーム=見方を抽出しています。ダウンタウンのふたりにかかれば、当時、非の打ちどころのない貴花田だって、ヤワラちゃんだって、みんな「きっつい」案件だと。ただ単に、反発的にそう言ってるのでなく、本当に〝王様が裸〟に見えてることが重要だと。以降、我々はダウンタウンのおかげで「きっつい」という定規を持つことになったわけです。だからナンシーさんは、その尺度を持ってるということの凄さを「地肩」という言葉で説明したのです。もう〝見えすぎ〟です。当のナンシーさんが、見事に「見えてる人」になっています。本当に当時のナンシーさんの文章にはいろんな卓見があり、腑に落ちることの連続でした。ダウンタウンの凄さをあれほど的確に表したものを、その他に僕は知りません。

それと、僕がナンシーさんが「見えてる人」だなと感心したのが……「江口洋介と江頭2：50は顔面が似ている」という説です。ナンシーさん曰く、顔面のマトリックス（基盤）が同じだと。これもあの人独特の「見える」だったよなと思いました。消しゴム版画っていう独自の見方から、顔面っていう構造を、普通の人より凝視してるから、基盤が同じってとこまで見えちゃう。ミクロの世界が見えるから、マクロにして面白く伝えられちゃう。

価値観は多様だなんて能書きはあっても、考え方というのはなかなか更新されません。みんなセオリーとか、方程式に縛られる。その方が便利だし。

でも、固定観念の外側から「見えてる人」はやって来る。

モハメド・アリはヘビー級の試合スタイルを変えました。要はそれまでは、大男が足を止めてブン殴り合うのが、一つの強さの証明だし、様式美だったけど、アリはフットワークを使ったアウトボクシングを持ち込んで、距離（間合い）を変えちゃった。攻めながら逃げる。それから、超インファイターのタイソンが出てくるまで20年ぐらいかかっています。次の「見えてる人」の登場です。僕はアリには間に合わなかったけど、タイソンには間に合った。

物の見方が変わるスリルは堪らないものがあります。これからも「見えてる人」に出会いたいし、自分もそういう人になりたいと思っています。でも、「見えてる」状態は孤独だろうな〜。だって自分だけなんだもの。

［2015年7月4日号］

TBSラジオ

ラジオのことを書きます。ちょっとしたオカルト話の類いとして受け止めてもらうと良いと思います。

僕はTBSラジオとニッポン放送でレギュラー番組を持っています。同じラジオでも、両方の局には、違いがあります。社風というか、なんというか、編成の在り方とか、当然と言えば当然ですが、違う。そんな中、日頃どちらの局にも顔を出す僕が、ある時「ん？」と何気なく感じたクエスチョンがありました。それは、ニッポン放送よりも、TBSラジオについてです。

ラジオは「話の通じる相手」に向けて話すことに適した媒体です。何故なら、頼りが聴覚だけのメディアだからです。一方テレビは「話の通じない相手」に向かってコミュニケーションを取ることに適しています。言わずもがなそれは、聴覚だけじゃなく、視覚効果もあるからです。まさに、百聞は一見にしかず。結果、テレビは注意力が散漫な状態でもなんとなく情報がキャッチ出来るように工夫されていきました。つまり、大して〝話を聴く気のない〟人にも訴求する媒体になった。

ラジオはそれに比べると、知覚体験が一個しかないがゆえに、集中力を伴う、おまけに、今度はそれを通過した後は〝理解出来る人にのみ解る言葉〟へと、高度にコミュニケーションレベルが深化します。使う単語の難しさというより、言語だけでなく、文脈共有をも含んで「身内」化してくる。大昔、現在の田《た》町《まち》は〝たちょう〟と呼ばれていたようです。で、これを「たまち」と言う人間を、地元の人間たちは田舎者と認定していたと。〝地元〟と書きましたが、この半ばトラップとも言える、暗号を知っている人間たちが、僕の言う「話の通じる相手」です。

ちなみに「同人」の対義語を調べたら「別人」と出てきました。妥当な対義概念は「商業」だと思うんですが。ハッとしました。そうです。ラジオは「同人」向けなのに、逆に、地上波テレビなどは「別人」向けなんですね。斯様に、マスコミは「別人」に向けて作られ、ミニコミは「同人」に向けて作られると。ラジオは完全にミニコミです。でも、意外や、ニッポン放送は「別人」向けに番組作りをしています。「人気者の起用」なんかはまさに「別人」を誘導し易いカンフル剤ですから。

前置きが長くなりました。ようやく本題です。2016年の春、永六輔、大沢悠里というTBSラジオを支えた二大巨頭が次々に一線を退きました。そこで、僕は予《かね》てより考えていた妄想が一本の線になり繋がった気がしたのです。はっきり申し上げて、TBSラジオは東京出身者による東京村に向けたコミニュティ放送局であると。どういうことか。

二枚看板の引退に際して、当然出てくるのが後継者問題です。我々インサイダー達は、「どうする？どう出る？　TBS！」と、その様子を固唾を飲んで見守っていると。TBSラジオは悠里さんの後釜に、伊集院光さん、そして、最近メキメキ頭角を現している女性パーソナリティのジェーン・スーさんを指名したのでした。ちなみに永さんの後釜はというと、ナイツになっています。でも、本当のTBSラジオの正当なラインにいるのは、人気者で、老若男女に愛されていて、しかも安定感のあるナイツではなく、同じ土曜の夜の重要な時間を任されているライムスター宇多丸さんだと僕は睨んでいます。

伊集院さん、スーさん、宇多丸さん、三人の共通項を挙げてみます。一つには「カルチャー人間」であるということ。異様に知識、教養度が高く、マニアックな話が出来る。且つ、それらを解り易く、しかも「自分の言葉で話すことが出来る」ということ。また、「テレビに積極的に出ないところ」も。伊集院さんはラジオをやるためにテレビに出ているぐらいの人。宇多さんもTOKYO MXぐらいには出るけど、他の民放にはあまり積極的に出ません。スーさんに至ってはTBSの深夜帯のテレビに少し出たことがあるぐらいで、ほとんどテレビ的にはノーマークの逸材です。そして、最大の共通点が『東京出身者』であるという点。

この事実を知った時に、僕は何故だか背筋がゾクッとしました。何故なら、永六輔、大沢悠里の二大巨頭も東京出身者だからです。

東京は、ほんの一部いる東京者を隅に追いやり、ほとんどの田舎出身者が覇権を振るっている都市です。以前ジェーン・スーさんとお話をした時に、彼女が言っていた言葉が印象深く、また、それにより、今まで僕が感じていた疑問が解けるきっかけになったのでした。彼女は言いました。「本郷生まれ小石川育ちの私は、文京区には思い入れがあっても、東京には思い入れがない」と。「何故なら東京は田舎者が作った街だから」ってことです。

つまり、僕の見立てはこうです。田舎者のガッガツした奴ら(アザーズ)=「別人」に土地を奪われ、メディアの中心も奪われた〝東京メイスン〟達は、半ば秘密結社化し、話の通じる「同人」という相手に向けて、目には見えない電波を使い、コミュニティの存続をしているのではないか。それがTBSラジオなのではないか、と。後継に位置する人達と、前任者のレジェンド達は、その高過ぎる言語能力と知性を、ラジオという最適な媒体に落とし込み、同人達に向けて発信し続けていた。原始、村的な共同体維持のための放送がその実態であり、言わば「東京村」の村長が、永さんや、悠里さんで、この度は首長の入れ替わりを意味するのでした。

と、完全に妄想ですが。そう思うと面白くありません？　でも、TBSラジオって、元は「ラジオ東京」なんです。ってことを考えると、わくわくしませんか？　というか、字数の都合で端折りましたが。これ、テレビ=ヤンキーのためのメディアで、ラジオ=文化系人間のためのメディアって話にもなり、高度な文脈読みを出来る人が、イジられ嫌いなパーソナリティになり、テレビは逆にイジられるキャラじゃないとセルアウト出来にくくなっている、という現況にも繋がって面白いんですけどね。

［2016年2月13日号］

追記：2020年現在、最近のTBSラジオの〝FMっぽさ〟って一体……。

嘘と料簡

表現の嘘について。尾崎豊の「I LOVE YOU」という曲。改めて聞いてみるに、あんな恥ずかしい歌を成立させていた、彼の「歌心」を思うのです。

例えば僕がこれをカバーするなら、とてもじゃないけど、こんなまっすぐなラブソングは歌えないので、〝男の側の一方的な勘違い〟を笑いにするために、女の側の気持ちを2コーラス目に入れるアナザーストーリーを作って、ネタに変えるでしょう。

理由はあります。あの「I LOVE YOU」はセックスの歌。普通、男は事を終えると「素面」になるはずなので、あの歌の嘘くささがどうにも気になるのでした。いつまで酔っ払ってんの！と。

限界もある。とにかく僕は「解釈」をしてしまうんです。ひっくり返したり、こねくり回したり、そもそも捻くれてるから、素面の面持ちで、生まれた「疑い」をネタにしてしまう。それじゃラブソングは伝わらない。

以前、玉置浩二さんが、なんのひねりもなく尾崎の「I LOVE YOU」をカバーしていたのを見ました。がっぷり四つでした。で、見事に投げ飛ばしていた。「嘘くさくない」と思った。でも、こんなの超常現象の類いじゃないのか。だってそうでしょう、日本人がどのツラ下げて「I LOVE YOU」だっていうんですか。でも……。

こういうことはあります。例えば、落語はどうか。あの「嘘」を成立させているものはなんなのか。プロレスにもある。何故ほぼ裸の人同士が、毎回ああも戦わなくてはいけないのか。理由がわからない。でも、嘘だとわかっていても、何度も「おや？　嘘くさくないぞ？」と思わされてきました。

蜷川幸雄さんが、役者に、しかも、男前の役者に対して、酷いダメ出しをしまくっていた話をよく聞きます。思うに、根本的に、演劇という嘘に対しての危機感があったのではないでしょうか。大風呂敷を広げて客を騙すのに、しかも、やれシェークスピアだなんだと、バレたらかなりマズいものばかり。顔が良いだけの役者に、顔が良いってだけで、観劇に来るご婦人たちを適当に騙されたら沽券にかかわると思っていたのではないか。騙すんなら、とことん、美しく騙す。その時、「なんちゃって」なんて照れがあったりしたらダメだし、それは欺瞞で、壮大な演劇という嘘に対する自己保身。照明も、音響も、当日制作も、何もかも総出で騙すのに、一人だけ「俺は嘘ついてませ〜ん」なんて態度でいられたらたまらない。だから、徹底的にしごいたのです。そして、信じ込ませた。やっている本人が「信心」という領域に触れるまでイニシエーションを繰り返したのです。

全てにおいて「料簡」の問題だと思われます。エンターテインメントに関する根本的な「嘘」に対して、狡い態度でいると観客は見抜く。だって、そもそもエンターテインメントなんて「不要」なものだから。でも、やっている本人が「不要なもの」なんて言ってたら熱が冷めるだけ。結局〝信じ込んだ人〟のやる表現の熱は伝播するのでしょう。

と、こんな批評的なことを言ってる僕の矛盾。この僕の料簡ってどうなんでしょうね。

［2016年6月4日号］

第二芸能界

「第二芸能界」について。現状ある、いわゆる〝芸能界〟を「第一芸能界」と考えます。それともうひとつの芸能界があったらどうなんだろうかと。いや、実はもう既にあるんですが、みなさんそういう認識は無い。ちょっと考えてみます。

「芸能界」というと、どうしてもテレビを主戦場とした〝人気者が戯れる場〟という認識があります。テレビは、スポンサーがいて、そこからの広告費を得ることで、タダで視聴出来るという構造があることは周知。結果、出ているタレントの「人気」はとても重要になります。タレントは、テレビに絡む収益の構造にガッツリ組み込まれている商品なので、視聴率を取れる人でなければならない。よく「数字の見込めるタレント」なんて言われてるのは、芸能者としての実力も含みますが、数字を下げない「イメージの良い人」という、正体のよくわからない存在がその利便性から選りすぐられています。その人がどういう芸を売り物にしているかより、CMのイメージに貢献している、もしくは、イメージを下げない人が、いわゆる「売れている人」なのでした。

昨今の都知事選を見ていても、皆さん、ことの外「人気」が好きです。実際に自分がテレビを見ていても、無意識に「チャンネルを替える」が基本姿勢です。とすると、「人気」に群がるのは自分とて同じことだと思うのです。無意識にチャンネルを替え、無意識にチャンネルに立ち止まる、「人気」の実態なんてその程度のものです。善し悪しじゃなく、それはそれで大変ハードコアな世界。何故ならそういう利権構造を作った人たちがいて、そこにあやかっている莫大な人員と、お金があるから。その経済の仕組み自体を我々は漠然と「芸能界」と思っているのでした。

でもです。例えば落語界はどうなのか？　演劇界は？　音楽界は？　それから、ニコ生やユーチューバーはどうか？　それぞれが収益構造を持ち、「芸能界」とクロスしつつも、別々の利権がそこにはあります。

〝芸能界から干される〟なんて怖い言葉がありますが、それはあくまで、僕の言う「第一芸能界」から干されるということなんだと思いたい。昔、田原俊彦さんはいわゆる「干された」状態になっていましたが、コンサートをして、グッズを売ったり、そういったオルタナティブな活動をすることで、きちんと己の芸能を売り続け、未だ現役としてバリバリやっています。一方、ベッキーは年頭からあんなことになってしまいました。今後頑張ってもらいたいのはもちろんですが、彼女と、ゲスの極みの方との差は売っていたモノの違いです。ベッキーはコンテンツを作ってきていません。それに比べ川谷さんは明確に「音楽」を売っている人で、テレビに依存していなかった。本当はベッキーだって、芝居や、音楽という「芸能」を売りたかったのに、やたらとテレビに出て、やたらとCMに出て「好感度」を事務所ぐるみで売り物にしたと。なので、イメージが下がった途端あんなことになった。

ベッキーは、第一芸能界の極みを極めた極道です。それはそれで凄いことだけれど、これからは「第二芸能界」で結果を出せば良いんです。「第二芸能界」は、客、あるいは消費者との距離が明確で、かつ近い。売っているものと、買われているものの正体がハッキリしている。

やれ〝干された〟とか〝落ちぶれた〟とか、そんなイメージなんかどうでもいいので、「のん」に改名した方も、思い切り「第二芸能界」で売れて欲しいですね。

追記：「第二芸能界」は、現在も今後も重要なタームだと思う。

［2016年8月13日号］

特殊能力

元レミオロメンの藤巻亮太くんと話していた時のこと。「マキタさんはサッカーで言うとゲームメーカーですね。俺は視野が狭いんで、ストライカータイプなんです」と。おまえら別にサッカー選手じゃないじゃないか！ってツッコむことなかれ、彼はサッカーが大好きで、あるフットサルの大会で得点王に輝いたりしていて、音楽以外の時はサッカーのことを考えてるってぐらいサッカー好きらしいのです。で、僕が注目したのは「能力」のこと。彼はいみじくも言いました。「視野が狭い」と。これは〝そう見える〟って話だと思うのです。これを僕は『特殊能力の人』と考えたい。

僕が思うのは、〝変態〟という「能力」に狙われたらあまり逃れられないということ。我々は普段、自分の生活圏内に変態が存在していて、常に襲われるかも……なんて意識していません。世の中の前提として、法律を犯すような存在からは警察の取り締まりで守られているはずであり、あるいは、道徳心とか社会通念とか、互いの信用関係があったうえで社会は成り立っているわけです。だからこそ、我々は安全に生きていける。極端に言えば、思考停止をするために社会やルールは作られています。常に「誰かに襲われるかもしれない！」ってなったら、四六時中そういう考えを巡らせてなきゃいけない。何も考えずにノンキに暮らせるという保障が法治国家たる所以。

ところが、そういうルールとは違うところで、常に「襲おう」と考えている〝特殊能力の奴がいる〟と考えてみる。例えば「鏡文字」があります。字が反対に見えてしまうというやつ。アインシュタインとか幼き頃そうだったなんて話があるけど、〝その人にはそう見える〟ってことです。

先に挙げた藤巻くん。ゴールまでの一直線しか見えなくなるような視野の狭さというのは、〝そこしかない〟って思えるから、彼は素直で素敵なラブソングを歌えるんだと思うんです。これも特殊能力です。それに比べたら僕は、視野は広いかもしれないけど、まっすぐなラブソングは歌えない。視野が狭くなるってのは「集中力」と言い換えてもいい。これがラブソングだったら誰も傷つかないし、人を感動させるわけです。特殊能力も使いようです。

サッカーというのは、置き引き的な能力が多分に求められるスポーツと言われています。経済的には豊かでなく、治安の悪い、例えば泥棒が多い国のほうがサッカーが強いという話もあるぐらい。チームプレーをしながら、囮を出して隙を作り、物を取るかのようにゴールをゲットする。それができる人間ってのは、相当な嗅覚があるのだし、走って逃げ切れる体力もある。なので、ゴールゲッターやストライカーとかというのは、ある程度、気質が決まってるんじゃないかと。日本人には強大なストライカーがいません。その点において、日本は和平的だし、協調性が高い国民性ゆえ、獰猛なストライカーは出てきづらいのではという仮説が成り立ちます。

ストライカーというのは即ちエゴイストです。まっすぐだし、集中力もあるけど、その実、法律スレスレのところに立っています。ゴールをゲットするためならなんでもやってしまえ、というのがハッキリと〝見える〟からやるのでしょう。袖を引っ張るなんて当たり前だし、人を出し抜いたり、フェイントをかけながらゴールめがけて進んでいく。オフサイドトラップを仕掛けられたら違反になるけど、そのギリギリのところまで立ってでも、なんとかして点を取ってやるというのは相当な精神です。人より多く点を取ってきた人っていうのは、そういう〝特殊能力〟の表れなのです。

藤巻くんみたいに、視野が狭くなってゴールしか見えなくなったり、真っすぐなラブソングを歌える人間ってのは、やっぱり〝ボケ〟だと思います。数少ないボケだから、ああいう名曲が作れる。そう考えると世の中にボケの数が少ないということと一致してきます。

日本のサッカーは、中盤にタレント揃いだっていうけれど、これって役回り的にいうと、音楽家とかアーティストはボケで、そのなかでもストライカー的な気質は希少な存在ってこと。中盤というのは、お笑い芸人とか、今まさにメディアの世界が全部そうで。上手に回してみたり、ツッコんで整理したり、まとめたり。そこに才能ある人がたくさんいるから、だぶついて渋滞をおこしているのが、僕の提唱した「一億総ツッコミ社会」です。世の中を見てもボケの人は少ない、広角に自分の意識を持っていると思ってる人たちを、僕は〝浮動層〟と言っています。で、そういう人たちがネットのツールとかを使って、ツッコミを入れているっていうのは、皆が〝メディア化〟〝芸人化〟してるのと同じ。そこの層が分厚くなってるんじゃないでしょうか。

大雑把に言っちゃえば、犯罪者の数は、世の中の善意の人に比べたら少ない。それと同じように、まっすぐなラブソングを歌いきれるボケの人たちも少ないと。

表現するに値するものを探し出す能力ってのは、ある種の〝イリーガルさ〟みたいなものを孕んでいるのだと考えられます。

その昔、松本人志さんが東京に進出してきた'90年代に、クイズ番組とかで〝俺だったらボケられる〟というラインが、「めちゃくちゃ見える」ってインタビューで言っていました。それは、松本さんが誰よりもお笑い〝変態〟マシーンだったからです。世間のありとあらゆることに関して、ここにもあそこにもボケのポイントがあると常に考えてたからこそ、〝見えて〟いたと。

あるボルダリングの天才は、周りから見たらどう考えても危険にしか見えないのに、その人にはルートが〝見えて〟しまってるから、なんのためらいもなく命綱もなしにスタスタと登って行ってしまうという話を聞いたことがあります。

やっぱり、ある種の天才性ってのは、犯罪を犯すような特殊能力なんだと思います。

［2017年11月5日・11月19日号］

公式と非公式

「公式」と「非公式」という概念があります。手前味噌なことで言えば、僕が提唱して話題になった「10分どん兵衛」は、元々〝非公式〟なブツでした。それがネットで話題になるや、日清のどん兵衛班が〝公式〟として認めたという展開に。これは大変興味深い動きで、柔軟な対応をしてくれた日清さんの懐の深さと、貪欲さには頭が下がるばかり。結果、売り上げは、２０１４年からの前年比で２０１５年初頭１５０％増という驚きの展開になったそうです。

さて、今の時代「公式」より「非公式」の方が圧倒的にリアリティがあるのではないでしょうか。「公式」側の見解や、スタンスとか、大体胡散臭いと思われてると思うのです。一方、「非公式」側の放つ情報の方が、嘘も含んでより強大な力を持ちつつある。新聞より、フェイクニュースの方がともすれば信じられてしまうのもそういったことのネガティブな作用と思われます。

最大の「公式」は国家権力で、古くからある「非公式」がヤクザならば、ヤクザ組織という〝街のリアル〟が「公式」の手によって葬られていく様も興味深い。無いものじゃなくて、在るものなのに。これは「公式」サイドの怯えの表れだし、然るに、より「公式」さを強化していきたいという意思なのかもしれません。

「非公式」が「公式」と結ぶ瞬間はダイナミズムが生まれるのも事実です。最近だと「公式」の最高峰『皇室』の眞子さまご成婚の報。〝海の王子〟は「非公式」側の人間です。庶民はその物語に熱狂しました。また、コミケなんてのも「非公式」の塊で、プロ側がコミケに流入したり、同人サイドから「公式」側に掬い上げられたりすることで面白いことになります。僕の若い時代だと、フリッパーズ・ギターという「非公式」的な存在が、広告の大量に乗っかった民放のドラマのタイアップで主題歌なんかを歌ったりしたのにワクワクしたものです。そもそもヒップホップとかサンプリングの文化なんてまさに「非公式」そのものであり、その手法が次なる時代のアートの前提となったわけですから何をか言わんやでしょう。

話はズレますが。小出恵介さんのスキャンダルを見ていてボンヤリ思ったことを一つ。

世間は今、未曽有の〝イケメン過多時代〟なのではないでしょうか。普通に暮らしている庶民は大量に上から降ろされてくるイケメンを処理しきれずに、大変白々しく思っています。女性はいいかもしれませんが、世の中のほとんどはイケメンじゃありません。でも、僕の言う「第一芸能界」という「公式」印から一方的に既成事実みたいに放たれてくるものなので、どうも鼻白むわけです。小出さんだけに限らず「公式」の中で良いイメージのある人が、度を超えた遊び方をした場合、真っ先に「非公式」側から撃たれるという反作用も念頭に置いておきたい。僕の公式非公式史観だとそう見えてしまうのです。よく俳優さんとかで「SNSとか僕興味ありませんから」みたいなこと言う人がいるんですが、「非公式」タグの恐ろしさを理解しておらず、「公式」の事務所に守られて安心してんじゃないよ、とか思ってしまいます。この時代、自分のイメージを管理して「あいつは話のわかる奴」みたいな評価をSNSの野戦の中で獲得していくこともリスク回避になるのかもしれないのに、です。そもそもあなたがイケメンであることは、信じられていないかもしれないのですから。その他大勢で大多数の「非公式」とどう付き合うか「公式」は考えておいた方がいいですよね。

［２０１７年７月１日号］

男同士の仲の良さ売り

世間はいろんな「あざとさ」に満ち溢れています。しかし、そんな2017年現在、最もあざとさ赤丸急上昇中なのが……「男同士の仲の良さ売り」じゃないかと思っています。

今回は自戒もこめてこの現象について書きたい。

芸能の仕事をしていると、どうもあざとさに対して鈍感になってくるような気がしてきて不安になります。というのも、〝わかりやすさ〟が至上命題になっているから。厳密には「わかりやすさ」と「あざとさ」は違うもので、分けておいた方がいいわけですが、現場レベルでは明らかにこれを混同しています。で、最近よく思うのが「男同士の仲の良さ」の売り方。

このジャンルに最も敏感なのはBLとか、萌え界隈の人たち。腐女子たちが切磋琢磨して磨き上げてきた先鋭的な視点を、いとも簡単に「こういうのがいいんだろ?」的に踏みにじっているような感じがして恥ずかしくなる（と言って、僕はその道の専門外なので、「腐る」とか「萌える」とかの話をしたいわけではないんですが）。現に、僕が携わっている現場でも「ここは仲良くしておきましょう、その方がウケるから」とかいうディレクションがありますし。あるいは、特に指示が無くても共演者同士で勝手に忖度し合って〝得がありそうな方向〟へ流れることもある。その度にあゝ……となる。

今の時代、「殺伐」より「仲良きこと」の方が力を持っていることは自明。でも、これが完全に大量消費の〝売り〟になっていくのは快くはない。売り手の人たちはいつもそうです。民間の人たちが、凄く些細で、繊細な楽しみを見つけたのを発見するや、すぐにそれを力ずくで公式の商品にしてしまい、それをテクニックとして見せびらかしてしまう。全て「わかりやすさ」という大義名分のためです。それが〝あざとい〟というのです。

お笑いも、おぎやはぎやオードリーの功績もあり、自分らのお笑い成分表示に「仲良し」を盛り込む連中も増えたように思います。でも、その少し前までは皆ダウンタウンの真似をして「相方の連絡先知らん」とか「相方、ムカつく、気持ち悪い」とか言うのが流行っていたのに。やがて、当然のその劣化コピーが威力を失い、「ああ、あれはダウンタウン一代限りなものだったのだな……」とわかるやすぐこの状況。そりゃそうです。ダウンタウンは仲良くないわけじゃ当然無く、ただただ人より節度があるだけです。むしろあの二人の距離感の方がグッとくるのだし、信頼関係という味わいが濃ゆい。

男性アイドルや、イケメン同士をやたらとくっつかせるシーンを作ったりして、公式側は元気はつらつと「どうだ！」とばかりにそういうシーンを押し付けてきます。といって、こうなった以上はもう後には引き返せない。送り手側もそんなにクリエイティビティが高い人たちばかりじゃないので、飽きられるまでとことんこれをやり尽くすし。そうなると「あざとさ」から逃れたい人たちは、「結果そうなっているもの」という無意識がグッとくるので、それ自体を目的にし出した場所からは逃げ出します。そしてまたぞろ新たな〝手付かずの天然の美〟を求めるようになる。その一番前線にある問題が「男同士の仲の良さ売り」という問題です。どうか厳しく我々芸能界人のそれを監視してください。そしてこの売り方をオワコン化させましょう。

［２０１７年７月29日号］

「生」に限る

やっぱ、いろいろ「生」に限るなと。焼き鳥屋で思ったんですが、焼き鳥って家に持ち帰ると美味くない。これって「ライブ」の良さだと思うのです。焼き鳥自体の味には価値があまり無くて、ジュージュー焼けて、煙が出てるあの「場」に価値があると。でも、例えばテレビではこれと真逆のことをやってる。完成度を評価軸にするなら、テレビの編集術は凄いレベルのことをやってるわけだけど、皆言うほど完成度に期待していないと思うのですが、どうでしょう? おそらくですが、テレビにおいて編集があるのは、大勢のテレビマンを食わすためなんじゃないでしょうか。視聴者にわかりやすくするための編集じゃなくなってきてしまった。編集のための編集というか。

仮に生放送だけでテレビをやらなくてはいけなくなったら、こんなに大勢の人たちが分業制で仕事をする必要が無くなると思うんですよね。焼き鳥屋で言うなら、事前に火を通す人と、客に提供する前にレンジでチンする係の人、それを運ぶ人がいて、それらが見えない厨房で行われてる感じです。鶏肉を焼いたもので、それを食べればいいという行為だけなら人は焼き鳥屋には行かないわけで、やっぱりあの「ジュージュー」して「モクモク」があって、服に匂いが付いちゃって「やだなー」なんて言っちゃう場にこそ意味がある。

フェスなど、既に「体験型エンタメ」とかよく言われていますが。プロ野球の世界なんて、もうテレビに期待していなくて、スタジアムビジネスに移行してる。つまり〝ジュージュー型〟に特化しているわけです。その点一番遠い所にいるのが今以て地上波テレビじゃないでしょうか。

元ＳＭＡＰの３人がやった『72時間ホンネテレビ』はジュージュー感がありましたね。あれはテレビマンが頑張って作った「生」なんで意味がありました。ニュースや、一部のバラエティだけじゃなくて、ドラマも、音楽番組も、全部生でやる日が増えれば、視聴者は戻ってくると思います。〝雑さ〟は〝熱さ〟を生みますから。もちろん雑さを目的にしてはいけませんが。

さらに言えば。テレビ局って合併しないんですかね？　地上波も景気が良くないわけで、どこの会社でも合併なんて当たり前ですけど、こと地上波は無いですよね？　もし、民放4局が半分の2局になって、大量のリストラがあり、生放送職人しか残れないような業態になったら？　出る人達も、もちろん僕なんかも当然資質は問われます。それを思うと怖いですね。やはりテレビだけに依存しない自分のスキームは作っておいた方が良さそう。

［2018年1月13日号］

海外ウケ

日本のエンタメを海外で通用させるにはどうしたら良いでしょう。なかなか難しいものがあります。何故か。ひとつに、言葉に頼っている面が大きいから。お笑いなんか典型です。日本語の範疇で成熟しきって、輸入も輸出もろくすっぽしていない、リア充ならぬジャパ充が凄いジャンルですから。では、音楽ではどうか？　昔から、日本で成功を極めたアーティストが海外進出（主にアメリカ）を目論んで、その都度失敗していいます。これもやはり言葉の壁は大きい。レギュレーションとしての「英語」はもちろん、ポップ系音楽は移ろいやすい流行り廃り、つまり「モード」（仕様）が時々で変化しますから、それらについていきながら、なんなら時代を先取りしたりしないといけない。また、それは「マーケット」というフレームがあって、その評価の枠組み内にある基準なのでややこしい。例えば、「今年のグラミーはこの音楽を評価する」という変な正解があるわけです。逆に言えば、日本国内のＪポップというマーケットにもモードはありますから、急に外国人がそこに拙い日本語で入ってきてもゲテモノとしてウケることはあっても、本物の評価には繋がらないと思われます。それと同じです。

音楽でも例外はあって、例えば、ヘビーメタルは大丈夫なんです。メタルはそれ自体が音楽の国際規格（ＭＩＤＩ）みたいなものなので、「共通言語」であり、インフラ的。それらを用いてメタルという競技に参加出来るんです（他にもテクノや、インスト系も競技化されてるものはある）。言葉以外にも、音楽的技能、音楽的様式美や、コスチュームなどで類型化して評価出来る。ポップス＆ロックの〝移ろい易い仕様〟とは違う頑強なルールがあるのでした。その意味では一般的「映画」と「ゾンビ映画」ぐらいの違いがある。だからこのジャンルでは日本人でも活躍出来る。

なんでこんなことを言い出したかと言うと。この先自分も何かしらの形で外国人にウケることをしたいと考えているからです。そういう時に考えるのが、外国人の立場に立って日本人のエンタメを考えてみるということ。するとやはり、ちょんまげ頭、出っ歯、メガネ、首からカメラをぶら下げて富士山にまたがってるぐらいのローカリズムをやらないといけないと思えてなりません。屈辱的ですが、そのぐらいのことをしないと、向こうのスタンダードに合わせたら勝ち目もないし。合理的な〝ユニバーサルデザイン〟なものより、非合理で分かりづらく、ハードルが一見高いエスニックデザインの方がまだ受け入れられるんじゃないかと。というか発見してもらいやすくなる。だって、英語圏だけでどれだけの音楽エンタメがあるのか計り知れないわけだから。土産物のユニバーサル性ってつまらないですよね。それより、現地の人しか食べてないクッセェ食べ物とかの方が魅力的じゃないですか？　アルフィーとか、昔は「外国人に見られるとマズイ」と思ってた物件の方が、今はクールな気がしています。

Perfumeとかは「日本製のフィメール」というブランドもそこに乗っかってますが、それもグローバリズムじゃなくて、ローカリズムですよね。閉じてるものを閉じたまま、大きく展開させる。〝日本の同人性〟を逆手に取って、世界発信するというのがベターだと思い至ります。さて、それを音楽＋笑いでどうやって行うか。カジノも出来ますし、そこには外国人用のエンタメが提供されていきます。当然僕はそこに自分の音楽エンタメを持っていきたい。なので、この先の僕にはこのテーマは重要なのでした。

［２０１８年１月27日号］

ブロスの終焉

このコラムを連載している雑誌テレビブロスが「終わり」を迎えました。7年ぐらいのお付き合いになりますかね。やっぱりショックです。だって私、大学生の頃、ブロスの出版元、東京ニュース通信社の会社説明会と面接まで受けているぐらいですから。大好きな雑誌の編集者になりたかった人間が、20年後ぐらいにその雑誌に書き手として参加出来たわけです。そりゃショックですよ。

昔から好きだった女の子と、数年後に付き合うことになったような感覚がそこにはありましたね。

また、この子の性格がいい感じに捻くれていて、カルチャーには全般的にアンテナ張ってるし、だいたい話が面白い。着ている服は安物で、でもこだわりはちゃんとあって、色んなアイテムを重ね着したりしてる。で、やっぱり娯楽の王様、テレビの中の住人達が大好きで、タレントの失敗とか、失言とかに目を光らせてる……そんな、電気グルーヴが大好きな女の子みたいな子。それが僕のブロスでした。

でも、最近は、関心が電気から星野源くんあたりに移ってきているのは気になってましたし、着ている服も上等なものに変わりました。2・5次元やアイドル、アニメが好きになってきていて、もう世間的には〝おばさん〟なのに無理があるなーとも感じていました。「でも、松尾スズキさんは別格だし、神だし!」と、頑固なことを言ったりして、更年期でイライラでもしてんのかな?と周りをハラハラさせたりしていましたね。

僕はそんなチグハグな彼女が、なんだかんだと言っても好きだし、添い遂げたいと思ってました。でも、向こうから「やっぱごめん、もうこのままじゃ無理……」という知らせが。

ブロスの本懐って「傍流」だったと思うんです。決して「本流」じゃない。本流がだいぶ干上がってきているなかで、ブロスも苦しんだと思います。エンタメ界全般にも言えることですが、「メインとサブ」なんてわかりやすい対立軸で切り分けられるほど世界は単純じゃなくなりました。お金だって、ビットコインとか仮想通貨が出て来てるんですから。メインの日本銀行券の信用度が相対的に下がるのも必至だし、そうなると国の概念だって変わっていってしまうかもしれない。

以前この連載で「公式」「非公式」について書きましたが。ブロスの持ち味は「非公式」感だったはずです。芸能事務所の人が認識してないレベルでされていた非公式な〝地下コミュニケーション〟。そこで交わされていた、かつての「ブロス言語」は今やネットの中で猛スピードで発信され、消費され、データ化されます。自由な代わりに、安いＪ-ＰＯＰじゃないけど、「そのままのキミが好き」とか「自分らしく！」とか言われてこの複雑な世界に放り出されるんです。不安です。だから人は、自分と同じ言葉を話す仲間を求めてネットの中をゆる～く連帯する。

ブロスはいつの間にか権威になりました。「公式」の匂いを出して生き延びようとしましたが、無理だったのでしょう。どこの顧客に買っていただくか、電気グルーヴの「公式」の発表より、星野源の「公式」を発表する場の方が多くの動員が見込めると考えたのなら、それはやはりテレビブロスではない。雑誌や、いわんや人は、ちゃんと生きようと思うと正しく堕落します。僕の目撃したものでは、アンアンも、フジロックも、そうやって歳をとってきています。それは仕方のないこと。ちゃんと続けるってのはそういうことだったりしますからね。

テレビブロスよ、ありがとう。お疲れ様でした。連載出来て本当に嬉しかったです！

［２０１７年３月４日号］

3 芸人というビジネスマン

ピン芸人の生態

『M-1グランプリ』という大会があります。『M-1』は、漫才のフォーミュラ（規格）を4分以内として、その中でいかに多くの笑いを取るかというタイムトライアルでした。漫才を〝圧縮〟し、内部を活性化させ、理系的に発展、競技化したのです。おまけに、バラエティ人材発掘の鉱脈としても機能する見本市となり、ここから多くの人材をバラエティ番組に輩出。「笑芸」という商いが、テレビを中心に回る産業構造となった今、優れた商品開発の場として一時代を成します。

一方『R-1ぐらんぷり』というピン芸人の大会もありますが、ここでの優勝者が、いまいちバラエティの現場で機能していないのを、皆さん気付いているでしょうか？　昨今、『R-1』から出て行った、例えば、スギちゃんとかいますが、優勝者じゃなかったりします。ついでに言うと、『R-1』以降評価されて、バラエティ人材としてセルアウトした人達のほとんどは、コンビ経験者だったりします。一体どういうことでしょうか。

これは僕独自の定義なんですが、「ピン芸人は〝職業〟ではなく〝業〟である」と思っています。つまり「性格」なんですね。

「バラエティ」という競技に必要な能力は、協調性と政治力です。

その点〝漫才人格〟は経済効率が高い。何故なら二人以上からが集団芸だから、発生し得た時点で、既にバラエティ工学内の「部品」です。要するに「漫才」の〝コンビ芸〟それ自体が、バラエティの縮図なんです。逆に、先の定義になぞらえれば「コンビは業というより職業」っぽいということ。

考えてみてほしいんですが、そういった中に、例えば、イッセー尾形がいる具合の悪さったらないでしょ？　しかし、これこそが「ピン芸人性」だと。「ピン芸人性」とは〝一人であることを極めている〟ことだと思うんです。

「世界観」なんて言いますが、要するに〝自閉〟しているのがピン芸人。試しに、ピン芸人だらけの楽屋を見てほしい。皆、壁に向かってブツブツブツブツ……下手にからかうと発狂しかねない程の殺気を漂わせます。つまり、世界観の濃度とは、ある種の「自閉的濃度」のことであり、その「病」っぽさが、ピン芸人ならではの「美」へと向かうんです。

川島省吾、後の「劇団ひとり」がピンに成り立ての頃、僕に言いました。ちなみに彼は、協調性のかけらもない人間を演じながら、バラエティでは互換性の高さをも発揮し、二つの能力を併せ持つ半雄雌、ピン芸人の中では未来型の、優れた奇形種です。

「一人でしか出来ないことやりたい」つまり〝ピン芸人性〟のことです。この物言いは、単なる方法論のことではなく、もっと精神論的なものまでをも含んでいました。もともとコンビだった彼には、二人でやって成立するようなものをわざわざ一人でやることはないという意志があり、「ツッコミ支点」で笑いの意図が見える類のネタは避けていました。代わりに、徹底的に異常者を言い分けなく演じる、「ボケ支点」のネタをやり通すことに（彼のネタが本質的に気味が悪いのはそういうことだと思われます）。素晴らしい発見だと思う。

ピン芸人が、お笑い産業内の経済効率においてどこかぱっとしないのにはこういう構造があるからです。だって奇人ばっかりなんだもん。笑芸的人格である以前に「ケッタイな人物」であることが「ピン芸人」の必要十分条件なのでした。

もし真のピン芸の覇者を勝手に選ばせていただくとしたら、植村直己みたいな「冒険家」も範疇に入れたいです。冒険家の本質って〝友達がいない人〟だと思うんですよ。これもピン芸人の本質。もし、ピン芸の日本一を決める大会を僕がプロデュースするんなら、ここら辺を考慮したいと思います。

［2013年5月25日号］

追記：コンビよりピン芸の方が「芸」としての価値は高いと、ピンの私は思う。

不良の身体性と象さんのポット

「象さんのポット」というお笑い芸人がいました。1980年代『お笑いスター誕生!!』に突如登場し、シュールな間と、斬新なネタで、業界を騒然とさせた革新的な漫才コンビ。彼らのことを今想うんです。「象さんのポット、この時代なら生き残ったかもなぁ……」。

日頃、僕は「芸人と不良性」あるいは「不良の持つ身体性」について考えているんですが。最近の芸人を見るにつけ思うことが、「象さんのポットみたいな芸人増えたなぁ」なのでした。

プロの芸人には、「声が出来てる」と云われるような、身体的な評価があります。その点、象さんのポットは〝声が出来ていない〟タイプで、また、その素人っぽさが売りでもありました。いわゆる〝文系のボンクラ臭〟が顕著。逆に、その普通っぽさとネタに込められた狂気とのギャップが新鮮だったわけです。プロの出来た声は、〝街場〟では「異形」で、〝プロの場〟では、素人の声が「異形」ですから。

「人前に立つ意気」これは「不良性」がないと根本的にダメなんだと思います。不良性とは「はみ出すことを厭わない勇気」みたいなことでしょうか。昔の田中角栄みたいな自民党の政治家にはあって、民主党の若手政治家には絶対この不良性はないですよね。関係ありませんが、最近、すっかり世間からパージされたみのもんたさんなんかも、身体性に優れた「不良的」表現者です。共演者のお尻を触っちゃう感覚とか、倅をコネ入社させちゃう感じとか、ある種の資格性がないと出来ません。

書生派タイプの芸人と言ってもいいと思うんですが、このタイプは、テキストを作るのは得意です。象さんのポットは書生派の典型だと思われ、このタイプは当時珍しかった。僕の言う「不良性」とは程遠い存在のアイコンで、隅っこのほうで〝静かに狂った〟ことを考えてそうな、決してクラスの真ん中にいるようなタイプではない。

ポップスの世界ではシンガーソングライターが'80年代に台頭してきてましたが、それと同じ現象が自作自演家という形でお笑い界にも起こっていました。たけしさんや、紳助さんなんかはその時流に乗って出てきた人です。象さんのポットは、お笑い界にも起こった自作自演ブームの流れで生まれたバリエーションの一つだったと言えます。でも、やっぱり板の上に立つ条件としては「不良」の側がその資格を独り占めしていた時代。

ここで言う「不良」について整理しておきたいのは、ルールの中にいて、それを侵すことも厭わないのが「不良」で、ルールの外側へ完全に逸脱する者を「不良」とは言わないということ。また、誤解されたくないのは、格好とか風俗としてではなく、生き方としての「不良性」です。幼き頃からか、どこかしらのタイミングで〝人前で張る〟訓練をしてきた人のみが持ち得る「匂い」が重要で。猿山の頂きに立つ、知力と体力と統率力を有する者のことです。

僕はよく『朝生』などで、もごもごと偉そうな御託を並べている評論家を見る度に、暴走族の序列ではだいぶ後ろの方だな～とか思うんですが、芸能界は、良くも悪くも暴走族的な猿山社会。カマシやハッタリや啖呵を威勢よく、しかも口籠もらず、咬まずに言えるような人じゃないと色々とマズイわけです。その身体表現力が、実際の不良経験というより、体験的に体内に搭載されているかどうかが重要で。

ところが、これが'90年代から崩れ始めます。お笑いを学校で教えるようになった時代から、この点が改善され、書生派も難なくデビュー出来るようになりました。松本人志さんの思想もそれに拍車をかけたところもあります。大喜利ブームなどは、多くのハガキ職人タイプ（あるいは漫画家タイプ）の人種を救済したし、実際お笑い界にそういった人材が流入してきました。

その人でしか表現し得ないものと、誰が何度もやっても同じ結果が出るシステム（テキスト化）とでは、芸の在り方が全く違います。今のお笑いは競技化され、民主化されたことで、いろんなタイプの人が参加出来る門戸を開きました。いい時代になったのか、悪い時代になったのかはここでは論じません。芸人の頭数が増えた分、救われたタイプもいればそうじゃないタイプもいると。ちなみに僕は、コントは特に、身体的なモノを見たいな〜とすごく思います。大喜利的に発想された物を巧みに構成し配列するやり方や、理系的に優れた幾何学のようなネタはお腹いっぱいな感じ。

象さんのポット的な匂いのする昨今の芸人に、この先の未来があるかはわかりません。しかし、あの時代に圧倒的マイノリティだった彼らが世に出たことを、改めて評価したいとは強く思います。

［2014年1月18日号］

リズムネタ

リズムネタっていうのが流行っています。我が家でも、子供らが「ラッスンゴレライ」を朝から晩まで連呼していて、いささか呆れている現状。

実は、彼らがどのように登場したのかまったく知らなかったので、後追いで見たのですが、これが面白い！（ちょっと感動した）

で、ふと気付いたんですが、「あれ？　中毒性、強まってない？」と。リズムネタ、及び、歌唱ネタというものは、もちろん前から存在しています。でも、どんどんそれが極まってきていると。

しっかりと計測して過去サンプルと比較検証したわけではなく、あくまで印象論なのですが。まず、ラッスンゴレライは、リズムのパターン、リリック（ネタ）、そのフロー（メロディ）のバリエーションが豊富で、飽きが来にくい。僕が好きなところは「え⁉　ちょっと待ってちょと待てオニイさん～♪」の「え⁉」のとこ。音楽界の符丁で「喰う」って言いますが、いわゆるシンコペーションです。よく考えられています。そういう細かいところが癖になり易いってことを彼らは知っているんだと思います。

これはずいぶん前にこの連載で書いたことですが、我々エンターテインメントの人間は「お菓子業界」と同じで、競争を降りられないチキンレースのただ中にいます。だから、飽きられないために努力を惜しまず、進化を止めない。お笑いなんて、本来的に、衣食足りてなんぼのもの。ラッスンゴレライは、そんな本来的に〝哀しき芸人〟が産み落とした最新のジャンクネタです。過去の顧客からの不満の声をベースに、問題点を修正、全方位が納得する、ハイスペックな商品が誕生したのです。曰く、「武勇伝武勇伝♪よりさわやか！」「右ひじ左ひじ交互に見て♪より飽きない！」「ラララライ♪で笑ってた過去の自分に見せてやりたい！」などなど。

もちろんこれは嘘ですが、いわゆる〝お客様の満足度〟が高めの、デフレ時代に呼応したコストパフォーマンスの良い仕上がりになっています。なんというか、「安く酔える」んです。

こういうネタを、「消耗が激しい使い捨て」とか、やっている彼らを「短命に終わる」とか、心なく言う向きもありますが、大きなお世話です。芸人はウケるものしかやりません。ああいう傾向を好んだのは世間の方、あるいはマーケットの方です。芸人はそこに充満している匂いを充分に嗅いで、ネタを作っているだけ。しかも、それをちゃんと出来てる人も限られています。

僕が気になるのは「お得感」ばかりを求める傾向です。今のエンタメは全部この方向性で刺激を高めています。J-POPも、全編サビに聴こえる「ラウンドワン型」、コール&レスポンス、シンガロングポイントが多くなっているのも、「楽にバカにならせてよ!」という声に対しての回答なのです。

［2015年3月7日号］

追記:優れたネタは全てリズムネタだと思う。

筋肉とお笑い

筋トレをしています。何故かというと、ある映画の撮影で、その必要があったからで、そんなにバキバキにする程のことでもないんですが、一応やってみることにしました。ところが、やってみるとこれがなかなかどうして、ハマります。最近、吉本の芸人なんかでも「筋肉」にハマっている人達がいますが、「ああ、なるほど」と。芸人と筋肉って相性がいいのかもしれません。それは「学習→テスト→結果」のプロセスがはっきりしているからだと思うのです。

筋トレは、部位ごとに鍛えます。今日は上腕二頭筋と三頭筋、明後日は大胸筋と三角筋といった感じに。まるで散らかった部屋を片付けていくように、だらしなくなっていた部分を一カ所ずつ綺麗に整頓し、要らないものを捨てていくのです。やれば「結果」が非常にわかりやすく出る。この辺りが堪りません。部屋の掃除が苦手な人が言いがちなのは、「どこから手をつけたらいいかわからない」というもの。それは反面〝一気に〟全て片付けようとしているから、結果面倒になっているのだと思うのです。一日一カ所掃除を心がければ、部屋は絶対に片付けられるのです。

お笑いは「原因と結果」が明確なエンターテインメントです。それは「フリとオチ」と言い換えてもいいかもしれません。オチが落ちきらないのは、フリに問題があるのだし、原因があるのに、それを放置しておけば、結果は絶対に導かれません。昨今の芸人は勤勉で、努力家でないと勝ち上がれません。我々は勝った人の結果を見ているだけなので気づきませんが、あの人達は皆、超真面目で、受験勉強の覇者よろしく「原因と結果」に向かい合った人達なのです。その辺がお笑いと筋肉との相性の良さの理由なのではないかと。

と、ここまでは既出の言説だと思うのですが、これを今ひしひしと自分で〝実感〟するのが筋トレの面白いところなんです。なにせ、自分の身体を使って「感じる」んですから。なんで腹が弛んでいるのか、二の腕がプヨプヨしているのか、足が細くなってパンツとの間に隙間が出来ているのか、そのオチに対してのフリがどういうことだったのかわかるんです。あと、腕立て伏せをしてみるとわかるんですが、人は自分に優しい、極甘な腕立て伏せをしがちです。それは「今、どこの筋肉を感じているか?」という問いに無頓着な証拠。自分が今どこの部位を意識しているのか、どこを鍛えたいのかを感じていれば、自分に甘い部分が見える。で、見えたらそれを消す。なんてわかりやすいんでしょう。

僕は、それらを発展させて考えてみました。身体のパーツごとに、鍛えやすい箇所、鍛え辛い箇所と分けます。それはまるで「〝売れていく芸人〟ＲＰＧ」。ライブやＣＳ番組あたりは鍛えやすい上腕二頭筋、三角筋あたり、肩周り。この辺は取り掛かり易く、すぐに結果が出ます。広背筋、大腿部、腓腹筋などの下半身周りは、地上波の深夜番組。いよいよ芸人としてグッドシェイプな感じです。では、ゴールデンタイムはどこの部位か？　腹筋だと思うんですよね。ここについた贅肉はこの歳になると、なかなか取れない。これを見事に削ぎ落とし、シックスパックにすることが本当に困難なんです。今までの「甘え」や「言い訳」といった脂肪が溜まりに溜まっていると、ゴールデンタイムというスッキリまとまった筋肉は生まれない。逆に言えば、ゴールデンタイムの番組って要らないものを削いだ人しか出られていないような気もしますね。ま、良いことか、悪いことかは置いといて。

［２０１６年７月16日号］

風刺と日本人

「日本のお笑いと風刺」について。

「リテラ」というニュースサイトが「日本のお笑い芸人はなぜ政治風刺ができないのか？」という記事を上げていました。テレビブロスで僕が書いたコラム『政治的』からの引用で記事が構成されていて、それがＳＮＳ上で凄い勢いで拡散。内容が内容だけに、ちょっと迷惑だったので、ここで僕の見解を改めて書いておこうと思います。

まず「リテラ」なんですが、調べると、元「噂の真相」のスタッフらが作っているものらしく、内容を見れば、なるほど、そりゃ〝左翼的〟だと。要は、昔からある「日本のコメディアンは政権批判をしない体制側の腰抜けどもだ！」的なお話で、その記事作りに必要な材料として、僕の書いた文章を無断引用しているのでした。

まず、こういう〝物語り〟の時に必ず出てくる「欧米のコメディアンは〜」云々という主張があるのですが、誠に安易な指摘だと思われます。やれ、チャップリンはどうとか、モンティ・パイソンがどうしたとか、安直な比較をして、日本のお笑いの程度の低さに警鐘を鳴らしても意味はありません。ちなみに僕は、風通しの悪い、硬直化したムードが世間に蔓延していることに、居心地の悪さは感じているので、それを笑いで突破出来ないかとは常に考えてはいます。なので、それを生んでいる圧力や、権力があれば、それをからかっていきたいとは思うんです。でも、それが笑いとして「風刺」ってカテゴリーに収斂《しゅうれん》していくとなると、途端に逃げ出したくなる。そういうフォルダに押し込めてくれるなと。何故かというと、大勢の人が笑えなくなる可能性が高まるからです。

日本人の笑いに対する感性への問題点を指摘する場合、現状肯定から入った方が良いと思っています。経済圏としての「芸能界」がそれを〝選択〟しているという事実があります。お笑いもビジネスですから、マーケット（市場）が現状を選んでいるという視点でこれを考えたい。日本社会におけるお笑いの役割は、お笑い側からの啓発もあるけれど、別に、誰かが計画的に「こうせよ！」と独裁的な方向性を決めてやっているわけじゃなく、基本的にお笑い芸人というビジネスマンが、何が売れるのかライブを通して市場調査をしながら、効率的に笑いが取れるものを「ネタ」という形に落とし込んでいっているだけです。

こういう議論の時に僕がいつも言うのは、「日本のお笑いのクライアントは日本人」というもの。〝話の通じる相手〟に、お笑い芸人は笑いを提供しているだけ。これは、ヤクザが海外進出出来ないのと同じです。ヤクザは言葉の職業で、「脅し」が通じる相手じゃないとヤクザはヤクザでなくなってしまうように。

現状、日本のお笑い市場のなかで、風刺を芸にしている人もいます。でも、それはマーケットが小さい。しかもその場はサロン化していて、「俺はこの話がわかる」という観客の特別な自意識が、更にその敷居を上げています。僕の言う「笑えなくなる」というのは、そのことがあるからです。つまり、人を選んでしまう恐れがあるということです。

そもそも、風刺と日本人の相性の悪さについて考察されたものがあまりない。なので、僕なりに考えてみました。五つほどポイントがあります。

①縦社会　②マーケットの問題　③意識高過ぎるとピンとこない　④「別人」に対して機能するジョーク　⑤最大のタブーは〝そこ〟じゃない

まず①。日本は縦社会です。人間関係も縦割りな序列的構図が基本。それを基に〝揶揄い〟も生まれます。例えば「先輩」や「上司」、コミュニティ内のリーダー的人格は権威なので、笑いを生むに当たっては資源たり得るのですが、それはフィクショナルなコント内でのこと。ほとんどの場合、お笑いは、テレビのバラエティなどでドキュメンタリー的に見せられているわけで、それは、身のまわりの社会の反映です。結果、例えば、若手がビートたけしさんの頭をはたくと、どういうわけだか他人事なのに〝ゾッとする〟ということが起こる。なので、視聴者は、個の主張としての笑いより、業界の関係図に惹かれながら、笑いを見ています。日本のお笑いには目上には歯向かってはいけないという「道徳」が存在するのでした。しかし、この道徳観は、前の時代に天下を獲った人達が決めたものなので、絶対的なものじゃありません。視聴者は、お笑い社会が安定的に回っていることで「安心」を見たいのです。

次に②と③。「日本のお笑いは『権力』を批判しない」という左翼的な物言いがありますが、念のために言っておくと、コントグループのザ・ニュースペーパーや、元そのメンバーである松元ヒロさんという大変気骨のある漫談家は、政権批判のネタをやっています。面白いです。あえて偉そうに言えば、ロジカルなフリオチのあるネタとして成立しています。でも、それは、それが〝好きな人同士〟の「同人マーケット」でのみの消費にしか過ぎません。

綾小路きみまろさんは、年寄りイジメなネタをやりますが、〝安倍イジメ〟みたいなネタも出来ると思うのです。でも、しない。それは彼が、徹底して普遍的なターゲットを絞ったビジネスマンであると同時に、お年寄りをネタにするのが〝大好き〟だからだと思われます。大は小を兼ねるじゃないですけど、あそこまで大衆と出会った芸を作り上げた人なら、政権批判みたいなネタだってマインドがそれを許せば能力的には全然出来ます。でも、それをしない。むしろ、権力批判的なネタをやってる人の方が、綾小路きみまろ的な大衆寄りな事が出来ないんです。テレちゃって。で、少数の同人を当てにしちゃう。

尾崎紀世彦さんの「また逢う日まで」という曲には、前身の曲があって、「ひとりの悲しみ」という曲でした。「ひとりの悲しみ」は学生運動の挫折をテーマにしたもので、ヒットに至らなかった。でも、その後、男女の別れ話にテーマを変えて改変したら大ヒットしたわけです。僕が言いたいのは、「学生運動」っていう一部の意識高い系のものより、男女の云々かんぬんな、言わば〝あるあるネタ〟の方が大抵の日本人にとってはリアルだったってことなんだと思うのです。これはマーケット論として重要です。

④については、欧米の政治（ポリティクス）と、日本の政（まつりごと）は違うものなんじゃないかと思います。また、その中で発達してきたコミュニケーションのルールの中で、お笑いの担う役割が違う。例えば、LGBT問題。一神教的な価値観の中では、性的少数者の差別は質量ともに半端無いわけです。沢山人も殺されてきたでしょう。その代わり、反作用として「人権」というところまでちゃんと話が行く。で、ゲイがスピーチで言うわけです。「大統領ってわたしより女々しいわ！」って。「政治→スピーチ→ジョーク」がワンセットで、そういう行動表示によって自身の立場を表明すると。日本も性差別はありますが、案外芸能のど真ん中に、しかも、結構昔から性的少数者はいて、「面白いし、なんかかわいいから許す」みたいな感じの存在になっています。振り子の幅は小さく、反作用の行動表示の中に「主義主張のジョーク」は含まれない。また、含まなくても、世間とコミュニケーションが取れなくもない。日本というフロアで「ジョーク」は馴染まないんです。

差別や、支配されたり、侵略したり、とことんまでのことをやってきた大陸の歴史。それは〝政治的よそ者〟が常にいたということです。社会には、そういった「外」があり、その人達をどうやって巻き込むか、「個人」として、どう「外」と関わるか。もし〝笑わせなければ殺される〟という状況の中で人を笑わせる、あるいは、自分の賛同者を立ち上がらせるには、アジテーション的なジョークはコミュニケーションとして必要だったのかもしれません。話の通じない「外敵=別人」の存在こそがそれを育みました。

一方、蹴鞠をしながら和歌を詠んで「まつりごと」としていた人達は違います。和歌という政治テクニックは「教養」であり、その教養を〝理解する同人達〟だけが出来る会話の中に政治があった。つまり「身内」です。身内同士にキツい批判は難しいもの。則ち、日本においては、政権批判を行うコメディアンがウケる場所も逆に言えば「体制」。そこで、そのコメディアンを揶揄えば、きっと同人達から非難されることでしょう。身内の中にはまた身内、そのまた身内の中には更にまた身内、と入れ子の構造です。故に「同人」に向けてやる笑いと、「別人」に向けて機能する笑いは別なんです。

日本のお笑いは、日本人の感性と合わせ鏡です。コメディアンなら、より多くの人に笑ってもらいたいと思うもの。それを実現出来る可能性が一番高いのがテレビに出ること。で、そこにばかり供給が集中してしまって渋滞状況を見させられているということはあります。その渋滞は解消したいと思ってはいます。最後に⑤を短めに。僕も、彼らも、テレビに出て笑いをやる時に、一番のタブーはわかっています。それはスポンサー批判。でも、これ単純な話、お金を出してる大元に背くことをしたくないってことだけなんです。それが、志が低いみたいな感じになってしまうのは違う。だって、権力批判なネタをやる人でも、お世話になってる方を無闇に批判出来ないでしょ、「身内」ですから。それが日本のメインストリームの「お笑い観」です。

昔から、日本の笑いには風刺が足りないという向きはあります。でも、それはコメディアンが腰抜けというより、社会構造や、人間関係の在り方が他国とは違うし、ましてや、マーケット的にも輸出も輸入もせず、ドメステックな産業として内需が成立している世界です。そのなかで人気者になる人というのは、才能はもちろん、厳しいビジネスマンです。そして、日本的な文脈のなかで、天才お笑い芸人がイノベーションを起こしてきています。「人気vs人気」ってことで言えば、ビジネス的に、「風刺」は負けてるだけです。多くの動員を呼んでる「人気」はそれだけで政治的です。変なところに着地しますが、笑いについて「風刺」云々言う側は、いつも〝モテる奴〟側になれていないのはどういうことでしょう？　これらのことをしっかり認識した上で、自分なりに、今後の笑いを提供する出口を考えていきます。

［2016年9月24日・10月8日・10月22日号］

追記：関係性で笑いを作る／主張で笑いを作る。最近は後者も増えてきているとは思う。

2017年以降の漫才師

2017年の〝お笑い風〟はなんと言っても「女芸人」でしょう。というか、ここ数年のお笑いマーケットのトレンド銘柄はずっと「女芸人」です。去年はピコ太郎旋風が吹き荒れましたが、それは一時的なもの。しかも〝ネットの生んだ怪物〟で、後にミーハーなテレビがご相伴にあずかった形だった。テレビや、そこに直結するお笑い界が生んだものとは少し違う。なので、全体の流れは「女芸人」に来ています。

世間の認識はいつも半歩遅れますから、町のおっさんらが「35億!」と張り切って言ってる時期には真ん中では事が済んでる。ブルゾン流行りのピークは厳密には年頭でしたので、やはりサイクルの早さは尋常じゃありません。しかし、彼女は時代に選ばれた芸人です。町のおっさんらにも届く「大ネタ」は必要ですから、彼女がその生贄役を引き受けてくれたことでまわった一年だったことを鑑みて、みんなでありがとうを言いましょう。

『とんねるずのみなさんのおかげでした』と『めちゃイケ』が終了するとの報は衝撃的でしたね。これにて本格的に「あの頃のフジテレビ」は終わりました。フジテレビが先導して作っていた空気感のようなものが時代にそぐわなくなった感じがします。

ざっくり言うと「みんなが知ってる」ということはダサいっていう風潮が昔はありました。そういうノリの肩部を担いでいたのはフジテレビだったと思います。でも、フジテレビさんのことは他に譲るとします。僕が言いたいのは、「みんなが知ってる」を壊しにかかったのは、「みんなが知ってる」という前提があったからです。この時代、「みんなが知らない」が当たり前になったので、それはもう有効じゃない。

踏まえて、2017年の『M-1』を見ていて思ったことは「NGK基準」。NGKとは吉本興業のなんばグランド花月のこと。僕も一度出たことがあるのでよく解るんですが、ここは「みんなが知ってる」、あるいは「みんな理解出来る」が最優先される場でした。『M-1』の決勝で戦った3組は、『M-1』用のネタ以外に「NGKでもウケる」というスキルを持っている人達です。『M-1』は、準決勝まではお笑いマニアのお客に向けてやっていますが、テレビコンテンツの場になった途端、一般の観客の前でやることになります。ここのお客が「みんなが知ってる」側の代表です。吉本の漫才品質管理が時代に対して最も敏感なのは当然。何故なら市場調査を一年通じてやっている小屋を運営しているからです。調査結果は「〝みんな知ってる〟しか有効じゃない」ということ。

「火のないところに煙を〜」の理論でやっているエンタメ界。でっち上げは是ですから、この飽和した今の時代に「必要」とされるお笑いを是が非でも考えなくてはいけない。結果、「マニア向け＋誰でも理解出来るお笑い」を出来るのが、２０１７年以降の漫才師のモードになっています。

［２０１７年12月６日号］

追記：そこに降って湧いたのが〝第7世代〟でした。ここに「女芸人ブーム」、更にネオリベ的風潮が加わり、明確な〝世代間闘争〟へと発展しています。おそらく、漫才ブーム以来の価値観の転換期かも知れず、この後〝パラダイムシフト〟が起こるかどうかは見ものでしょう。

4
大衆と音楽

桑田佳祐と日本人

以前、桑田佳祐さんのPVにちょい役で出たことがあります。そこで今回は、桑田さんのことを考えてみたいと思います。

「桑田佳祐」は評価の埒外にあります。〝日本人の前提〟にまでなってしまったんですね。前から疑問だったんですが、我々が「サザン的＝桑田的」なるものを〝当たり前のものとして受け入れていった〟のには何かワケがありそうです。

彼の〝グレイトサザン〟がデビューした当時は、まだ名残として「ロック対フォーク」「ロック対歌謡曲」というイデオロギー対立がありました。そんな時代に「どちらも〝芸能〟だろ！」とぶち抜いて見せたのが、桑田さんのした仕事の意味合いです。

オチャラケで武装しつつ、捨て身で、軽やかに当時の音楽界を小馬鹿にしまくるラディカルさの裏にあったものは、覚悟とは異質の〝学生ノリのチャラさ〟、それを原動力にしました。しかし、日本人は「サザン＝桑田佳祐」に多くを期待するようになった。そして、彼もそれに応え、いつしか国民的バンドに。

「たらこスパゲティ」と似てるんです。サザンの出現あたりからちょうど外食産業が盛んに起こってくるんですが。安値で、高品質で、安全で、バリエーション豊富なメニューを安定供給。そしてその中には必ず「たらこスパゲティ」的な〝和風アイデア料理〟があった。イタリアンレストランで本格的パスタを食べるか、洋食屋でナポリタンを食べるかしかなかった階級的価値観の日本人に、身の丈に合う〝味わい〟

を突きつけたのが桑田さんです。「あんなものスパゲティじゃない！」に対し「美味きゃいいんだよ」です。

桑田さんのアプローチとは〝暑いか寒いか〟の「極」にはない、「ちょうどいい」という曰く言い難い真ん中を取ることとです。歌謡界にあった理念的な「べき論」、歌は言葉をきちんと伝えるべき、ロックは反逆であるべき云々……。ところで「べき論」とは〝ぬるま湯〟です。そこにいれば安心が得られるから。桑田さんはそこに安住しようとはせず、茨の道の「中道」という不安定を選びました。「べき論」とは、葬式宗教のごとき形式的なお題目教であり、凡庸な人にとって逃げ込み易い精神的駆け込み寺なのです。彼がしたことは、格闘技で言えば、ボクシングとプロレスのどっちが強いという問いの最中「ケンカで強い奴が強いよ」という実に腑に落ちる、とんち的名解答なのでした。

「桑田佳祐」がやらなくとも誰かがやったことだとは思うんです。でも「桑田佳祐」でなければ成すことが出来得なかった時代的偉業でもあると思います。

で、僕は単に「サザンはたらこスパゲティである」という見立てをしたいんじゃない。サザンの歌は、ファミレスのメニューのように容易い、また、そうなるよう彼らのブレーン達はサザンを外食産業化させてもきたとは思います。それより僕が言いたいのは、「サザン＝桑田佳祐」に任せてまで得たい〝日本人の変わらぬ資質〟です。

「本格派」信仰があります。日本にとっての〝本物志向〟は、とどのつまり〝美輪明宏の自宅〟のようなものになると思います。いわゆるゲテモノです。で、あそこまで本物になってしまった人は「そういう人」でおしまいになってしまう。好きな音楽だけやっていれば「本格派幻想」の枠内にいることが出来、且つ

「独自の世界観の人」で消費されていった、と。葛藤もあったでしょうが、結局桑田さんは「日本人の生贄」となり、「日本人の耳」にこだわった。〝変らぬ日本風のもの〟というある種の「妖怪」と対峙し続けたんです。

いつ頃からでしょう、自己模倣を繰り返すうちにか、桑田さんの書く詞から意味的なものが薄れていきました。「砂まじりの茅ヶ崎」的なフレーズがあまりに彼独特のもの過ぎて形骸化したのです。どうしょうもなく個性的な「桑田節」でコーティングしてはいますが、余計な「主張」をしないという決め事でアーティストであることを諦め、「芸能化」したとも考えられます。「勝手にシンドバッド」時代ならいざ知らず、何かをメッセージすることを辞め〝何も言わない〟ことが国民的歌手になることだと悟ったようです。恐るべし「日本人の資質」。また、自ら骨を抜いてみせた桑田さんは怪物でした。しかし「日本人の前提」になるとはそういうことなのでした。

［2013年3月30日号］

ノベルティ・ソング

いきなりですが、僕が、きゃりーぱみゅぱみゅみたいな格好をしたらどうでしょう。どうでしょう、なんてもったいつけて訊くまでもなく「変‼」って思いますよね。でも、きゃりーさんがいかにも身に付けそうなアイテムを〝靴下だけ〟にしてみたら、今度はどうでしょうか。さほど変に見えませんよね。

今回取り上げたい題材は「ノベルティ・ソング」についてです。

ノベルティ・ソングとは、広義の意味でコミックソングのことですが、このコミックソングという名称は日本でしか言われていないらしく、英語圏では、日本で言われているコミックソングのことをノベルティ・ソングと言う、とのことです。さて、このいわゆる「おもしろい歌」的なものって、どうしておもしろく感じるのでしょうか？　更に言えば、何故そう聴こえるのでしょう。僕はこれを構造的に考えます。単に歌詞がおもしろいとかはその範疇ではありません。もっと〝音楽的〟に考えたい。僕の考え方でいくと、ゴールデンボンバーの唄う歌もノベルティ・ソングですし、初期のORANGE RANGEなんかもそうです。遡れば、とんねるずなんかもそうですね。

頭に分数式を思い浮かべてもらいたいんですが。①「規格／人格」（人格分の規格）あるいは　②「人格／規格」（規格分の人格）とします。人格っていうのは、アーティスト性と思ってみてください。一方、規格っていうのは、音楽的スタイル、例えば「ヴィジュアル系」的なサウンド志向みたいな。レゲエでも、パンクでも、なんでもいいですが、そのようなものです。

普通、アーティストというのは①のパターンだと、自身も、周囲も思っています。で、音楽的志向とアーティスト性が、2／2（二分の二）＝1、つまり一致している、もしくは、その一致を目指すものなのです。それが基本なのですが、ノベルティ・ソングという考え方においては、②のパターンが多いと思うのです。とんねるずが唄っていた『雨の西麻布』は「とんねるず／ムード歌謡」だったのだし、ゴールデンボンバーなんかも「鬼龍院翔／V系」ということを確信犯的にやっています。

では、こういうのはどうでしょう。ちょっと変化球ですが……「長州小力／パラパラ」。小力自身の音楽的素養とか志向とは関係無く、単に「長州力がパラパラを踊ったらおもしろいだろう」という発想から作られただけのネタだと思うのですが、僕の考え方だと、要するに、パラパラという規格と、長州小力との距離があり過ぎることでギャップが生まれ「おもしろい」に繋がったと。これこそがノベルティ・ソングの真骨頂と思うのです。つまり、分母と分子の一致を目指さないものがノベルティ・ソングなんですね。

その点で言うと、面白いのはORANGE RANGEです。最初は意識的に「ミクスチャー」という分母内で上手い具合に遊んでいた感じだったのですが、だんだんと音楽的志向とアーティスト性の一致を目指し、諧謔精神が薄らいでいきました。ゴールデンボンバーなんかもそのうち、そうなっていくでしょう。更に、とんねるずなんかは『情けねえ』という歌では、「とんねるず／長渕」というコンセプトだったはずが、「とんねるず」という存在感（プレゼンス）が長渕剛のそれと〝等分〟になるほどだったことで、我々は「マジにかっこいい！」と思って、いつの間にか、あの当時彼らを支持していたのでした。

こういう現象を含めて、僕はこれを「OEMソング」とも言っています。OEMっていうのは、外部製造委託のことで、ライセンスを与えられて、規格に従って製品を作ること。パソコンで言えば、液晶画面はシャープ、でも側は別のメーカーってな感じですね。でもデザインとか、トータルに優れていれば、元ネタなんて関係ないわけです。これは〝元の発明〟をどのように取り入れたら「〝自分らしい表現〟が出来るだろう」という努力シロの発見にも繋がります。シリアスな表現を標榜するアーティストは、それを模索すればいい。じゃ、「おもしろ」に振るにはどうすればいいか。

ここで、ようやく冒頭のきゃりーさんのファッションアイテムの話に行き着くわけです。きゃりーアイテムを足していって、どこからがきゃりー臭が出過ぎるか、どこまでが〝隠し味〟となるのか。これは、あらゆる表現に応用出来ますよ。日本人って、そもそもノベルティ民族ですから。

［2013年7月6日号］

バカ・エンタメ

ゴールデンボンバーの鬼龍院翔さんの『オールナイトニッポン』に出演したときのこと。彼と話しているうちに、ふと思ったことがありました。今回はそのことを書きたいと思います。

ところで、最近のエンターテインメントに顕著な命題ってなんでしょうか。僕は「馬鹿になれるもの」だと思っています。例えば、サッカーの国際戦なんかどうでしょう。完全に〝人を馬鹿にさせて〟ますよね。いわゆる「ネジが外れてる」状態です。これは、エンターテインメントに限った話でもありません。牛丼のあの値段、皆さんはおかしいと思いませんか？「牛丼一杯250円」で得られる満腹感、この裏側にある経済的背景はやっぱり変です。

アベノミクスはインフレを期待していますが、やっぱりこのご時世、あらゆるジャンルがデフレ傾向にあります。それは音楽においても同じこと。思えば、Ｊ-ＰＯＰも、大分価値が〝安く〟なりました。今ある「アイドル」というジャンルの隆盛も「デフレ歌謡」としての需要でしょう。

話をあえて解りやすくします。世間は、支配する側と、支配される側に分けられます。そして、被支配側は、おそらく支配する側に回ることなく一生を終えます。では、そういう人達が楽しめる音楽って何なんでしょうか。ストロング缶を飲み、サッカーの国際戦に酔いどれ、暴れ、アイドルのDVDを観て床に就き、ファストフードを喰い、ファストファッションで身をくるみ、月曜からまた働く……。国民の大半は〝餌付け〟されるように〝上から卸されてくる物〟をただ漫然と、ぼんやり享受します。いや、そうするしかない。皆、わかっているとは思うんです、でも、構造までは変えられない。だからこの現実を生きるしかないのでした。一時の癒しや、刹那な欲望の昇華が欲しくて、もっと言えば〝馬鹿になりたくて〟、馬鹿にさせてくれやすいものに大衆はすがるんです。

逆説的にきつい書き方をしました。でも「大衆」が消費するものというのは、不可逆的にそういった性質を孕みます。更に、わかり易い公共性無くして大衆は飛びつきません。僕はメジャーデビューして「大衆」と出会うわけですが、はたして、自分のやっていることが「馬鹿」かどうか。これは大問題です。

ゴールデンボンバーに「†ザ・V系っぽい曲†」というものがあります。そしてこのマキタスポーツにも「お母さん」というV系っぽい曲があるんです。どちらも同じメタ視点で作られた〝手品の種明かし〟曲です。でも、消費のされ方が、僕と彼らでは違いがありすぎる。どちらが大衆的でしょうか？　もちろん在り方からしてゴールデンボンバーです。名曲「女々しくて」、馬鹿になれるもんな〜。

「気持ちよく馬鹿にさせてあげる」これをテーマに、今後の自分の仕事に反映させていきたいと、鬼龍院さんと話していて、益々そう思い至りました。

［2013年9月14日号］

a・i k o

近頃あった「ちょっと得した気分」をみなさんに紹介したいと思います。これ見ていただきたいんですが。

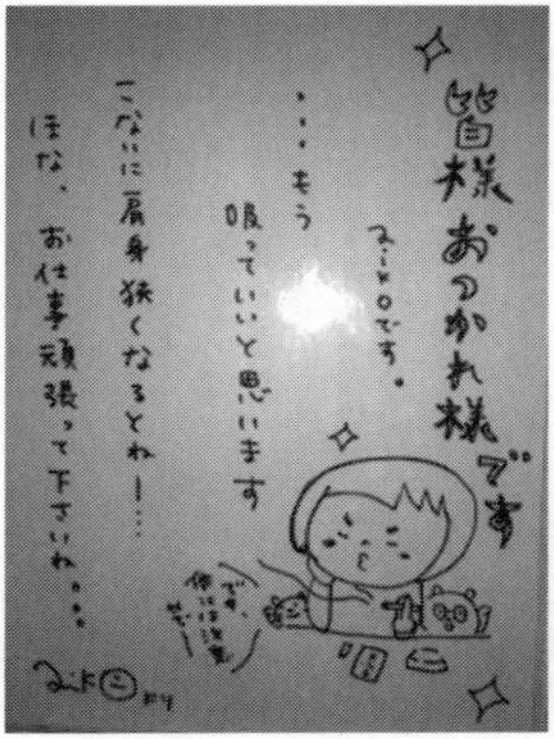

大阪のラジオ局ＦＭ８０２の喫煙所で採取した物です。よく見ると色紙の文末にａｉｋｏと書いてある。そうです、あのａｉｋｏさんが喫煙者を想いやって書いた色紙なんです。二枚ほどありまして。

二つ合わせて読むと、なんとも味わい深いのでした。

ここの喫煙所は、局の方のためではなく、来客用。つまり、同業者のアーティストに向けて書かれたものなんです。なんたる気遣い。僕はこれを発見した時に思わず「ａｉｋｏかわいい～」とつぶやいてしまいました。だってそうでしょ。どこの誰だかわからない、口から鼻から煙を吐くならず者に対する心配りなんて必要ないじゃないですか。だのに、ａｉｋｏさんは想いやってあげてる。〝愛想をふりまく〟なんてネガティブな言い方がありますが、これはいい意味で〝ａｉｋｏをふりまく〟ってな感じです。

また、これは僕のａｉｋｏ研究にも大変貴重で重要なサンプルで、僕はアーティストの作風を真似ますから、すごく参考になりました。昔からａｉｋｏさんというアーティストの持つ「文体」に関心が高かったので、自分の見立てを裏付ける資料としてこんないいものもないと。「難解とベタ」、この二律背反を表現のなかに同居させているのが、ａｉｋｏさんの作風の魅力だと僕は思っています。もっと云うと、女性なら誰しも内包している「ブスとカワイイ」か。

ａｉｋｏさんは、音楽的には非常に高級で「難解」なコード進行を用いています。ところが歌詞は「ベタ」な、昔ながらのよくある女の子の気持ちを歌っている。でも、よくよく歌詞を読み込むと、自意識の肥大した、女の子なら誰しも抱えてるワガママで「ブス」な自分という根っこもプロファイリング出来、しかしアレンジ面や、あの伸びやかな声は、どうしようもなく愛らしく、かつ「カワイク」誰しもが共感出来る風合いに仕上げている。

心も身体もお化粧をして、外部に向かう時の女の子の気持ちを表現させたらａｉｋｏさんの右に出るアーティストはいません。いわゆる「ホントのアタシ……」ってやつです。

ａｉｋｏさんのふりまく、愛という名の〝外面〟は、写真で見るように、ここまで徹底されているのです。心の化粧を取った部屋でのａｉｋｏさんをふと想いやって「すげーなａｉｋｏ……」とひれ伏すしかありませんでした。だって、歌詞とかさらに深読み出来るじゃないですか。杜撰でもいい男子に比べて、「可愛くいなくちゃいけない女子」って大変ですからね。そういう女性の代表なんです、ａｉｋｏさんって。

このエピソードで思ったこと。「冷酒とａｉｋｏのメッセージはあとから効いてくる……あいこ」

［2013年9月28日号］

メロディとリズム

「メロディ」と「リズム」。といっても、これらを音楽理論として分解するわけじゃありません。〝役割〟という観点で考えます。例えば、「メロディ」や「リズム」は、過去、軍事的にも、宗教的にも悪用されてきたりもしました。しかし、うまく利用もされてきた例もある。何故か。それは「人を束ねる力」があるからです。

ポップスの歴史の中で、これまで何回か変化が起こり、その都度、先端文化に興味のなかった層を巻き込む、言わば「メロディック革命」とでも言うべき変革がなされてきています。ビートルズは、初期こそアメリカの50年代のロックンロールを模していましたが、次第にオリジナリティを発揮し、ビートが特徴的だったロックンロールに、プラスαの「メロディとコーラス」を付け加えました。これにより「ロック」という概念は広がり、市民権を得ることになりました。大衆曰く「おぼえ易いわね〜」です。決して複雑であってはいけません。「みんなで唄える」程度という加減が〝ちょうどいいメロディ〟です。これを満たすものが、後世各ジャンルでメロディック革命を興していきます。

邦人アーティストならどうか。オシャレ過ぎたパンク／ニューウェイブをメロディアスにしたＢＯØＷＹ（ここいら辺りから「ロックがビジネスになる」と大人達は気づきます）。ミニマルで逆に偏屈過ぎるラモーンズのメロディを「愚直さ」と翻訳し、まるでそのメロディが「絵本」のように聴こえるマジックをかけたブルーハーツ。今にして思えば「皆で音楽をシェアするにはメロディが一番！」と思って〝ロックバンドを起業した〟としか思えないほどのハイスタ。皆「メロディ」という魔術を使い「人を束ねる」ことに成功しました。音楽史上、メロディック革命は、現在ヒップホップにまでは波及しています。この後に起こるであろうジャンルにもそういったある種の〝平均化〟は行われていくことでしょう。で、「メロディは人を束ねる」とは云いましたが、リズムに比べると平均化しづらい面があります。民族性があり、一概に「これぞ皆が心地よいと思うメロディ！」というものは限定しにくい。イスラム圏の人が感じるメロディ観と、日本人の好むメロディは違います。メロディにはたしかにハーメルンの笛吹的魔力はある。でも、これは日本人にとっては米みたいなもので、極端な話、明日からケバブしか食べれないってなったらもの凄く抵抗すると思うんです。例えば、君が代を中近東のメロディで唄うことは、どうしても日本人には精神的に抵抗がある。だから、メロディは〝進歩的〟ではなくて〝保守的〟なんです。少しずつしか変わっていけない宿命があります。

　さて、では「リズム」はどうでしょう。リズムはメロディと違って、昔から〝輸入物〟が当たり前です。保守的なメロディに対して「リズムは革新的」です。進歩を好む性質がある。

　日本のポップスは、「分母にリズム」「分子にメロディ」を置く二重構造がありました。これは〝鹿鳴館〟的な現象で、建築様式にあたるのがリズムで、人がメロディ。時代的に様式が変わるように、リズムはその都度最新のビートを導入して、時代時代の「フロア文化」で機能してきました。ジャズの時代なら4ビート、ラテンが流行ればマンボ、チャチャチャ、ロックの時代なら8ビート、ディスコの時代がきたら16ビートと。その都度その「規格」はすげ替えられ、その都度人を踊らせてきたのがリズムです。結果、美空ひばりの「お祭りマンボ」や、H Jungle with t「WOW WAR TONIGHT」みたいな、歪な秀作は生まれてきました。「小力パラパラ」なんてのも二重構造に則った素晴らしいネタですね。

僕はこれを「スカイラインGT-R」みたいなものだと思っていて。名称＋機能ですね。でも、本来的には公道で２５０km出すことはないので、そんなにすげぇエンジンは必要無いわけです。昨今のＥＤＭなんてのは、もはや公道を走れないレベルのモンスターマシーンになってしまっています。踊りも「振り付け」ではなくて「ダンス」ですし。今流に言えば「特化」した結果だと思いますが。これもリズムの特性として面白い。要は〝各フロア〟に合わせて進化していくんです。特に日本人は〝ダンスと浮気を家に持ち込まない〟人種なので、「ダンスは外でするもの」にする。つまり非日常の空間でしか踊れないし、ルールのある所でしか踊らない。その結果、ヲタ芸とかバンギャとかの習性に合わせるように、リズムは浸食していきます。

リズムだけ新しいものが入ってきた時に、メロディが抑圧されて「歌」のレギュレーションも変わってきました。アレンジ過多な、弾き語りで成立しない歌モノも出てくるようになってきた。結果、YouTubeなどで「見る芸能」としての発展と、カラオケで唄うことが可能な「する芸能」で二極化してきています。リズムは多分にインフラ的で、それを設ければイオンモールみたいに人が寄って来るような感じですかね。いずれにせよ、リズムもメロディも「人を馬鹿にする」分ロマンティックです。

［２０１３年3月1日・3月15日号］

「歌姫」はいるのに「歌王子」はいない

僕には長年の疑問があります。それは「なんで女の歌手の方が歌う理由がありそうなんだろう？」というもの。「歌姫」という言葉はあっても、「歌王子」なんて言葉はない。謎です。

男性アーティストと、女性アーティストを比べた場合、こと呪術性という部分においては、女性アーティストの方が圧倒的にその力があります。歌を唄うという表現力について回る「神秘の力」は、女性アーティストに分があるのであり、どうも純正の状態でスペック化されていそうです。要は「人前で歌を唄う」という、本質的には〝ちょっとどうかと思う〟行為は、女性の方が「様になり易い」。そう言えば「イタコ」も女性ばかりでしょう。

例えば、女性性のハードコアで言えば、ＣｏｃｃｏやＵＡみたいな〝ネイチャー系〟がいます。彼女達の表現は「変化」とか「豹変」とか〝月の満ち欠け的〟な「自然の猛威」が特徴です。ひょっとすると、これは仮説ですが、こういったネイチャーを匂わす人は、逆に、ただそれだけで表現者っぽくなってしまうのではないでしょうか。この辺りのことを知っている方がいたら是非教えてほしいです。

先日、クレイジーケンバンドの新譜を拝聴しました。そこで、女性の呪術性、及び、神秘力に拮抗しうる男性アーティストの能力は何かと考えたんです。たぶん「企画力」と「編集力」です。端から持ち得る神秘性がない場合、対抗出来るのは、自分の好きな物を集めて、名付けをして、まとめ上げる力でしょう。いわゆる「マニア」「コレクター」は男性の方が圧倒的に多いようにです。

ドナルド・フェイゲン、バート・バカラック、勝新太郎、昭和の車……音楽博物学者な横山剣氏の凄さは、みうらじゅんさんや亡くなった川勝正幸さんのやっていた「キュレーション力」の凄さと同質のものなんです。「かっこいい荒俣宏」と言っても良いでしょう。そうして作り上げられた完璧な世界観は、さながら、あの浦安のテーマパークのごときです。そして、昭和の〝杜撰さ故のヤバさ〟は、風合いや、音楽のデザインに留め、絶対安全なエンターテインメントに脱構築します。そこにあるのは「カリブの海賊」のような健全なアトラクション性と信用度。素晴らしい。

［2012年3月31日号］

ビジネスモデルとしてのヴィジュアル系

今回は『ヴィジュアル系』が商売として、いかに優れているかを考えます。

「問題」→「解決」の結果には「安心」や「トキメキ」があります。やがて、安心やトキメキは「お金」に変換されます。世界のどこかにいる〝未だ見ぬお困りの方〟に発生した問題を解決すれば、お金は自ずと生まれて来る。これが商いの根本です。

『ヴィジュアル系』とひと口に言いますが、一体その定義は何でしょう？　僕は「ビジネスモデル」のことだと考えます。単にお化粧をしているバンドっていうだけではそれに該当しません。例えば、ザ・イエロー・モンキーというバンドについて、彼らはグラムロックの流れを汲んだ〝お化粧バンド〟（当時は蔑称）

でした。しかし、同時期にいたLUNA SEAやL'Arc-en-Cielとは一線を引く存在だったのです。何故か？それは、ビジネスモデルが違ったからです。

諸説ありますが、ここではヴィジュアル系の起源をBOØWYとします。どうしてそうなのかと言うと、彼らは運営の基礎が〝自主制作〟（〝旅芸人的一座〟）だったから。その流れを踏襲して商売として発展させたのがXです。現在あるヴィジュアル系のフォーマットはYOSHIKIの考えたスキームです。一座＝自主レーベルを起こし、事務所を経営すると。それをベースにメジャーと契約し、独自のドメスティックなマーケットを開拓していったわけです。

また、ヴィジュアル系の客との「関係性」に対する考えは、鋭く発明的でした。〝医者と患者〟を例にとって考えてみます。

患者「具合が悪いから、すぐに治してほしい、報酬は用意した」

医者「かしこまりました！　期限までに治させていただきたく、精一杯努力いたします！」

「患者＝依頼主」、「医者＝サービス提供者」という視点に立てばこのやり取りは成立します。というか、商いの基本は「お客様は神様」なはず。でも、現行、日本の社会的文脈で、医者と患者の間は「対等」ではない。「先生」を上に頂くことで、ある種のプラシーボ的暗示を得て、安心というサービスをパック化しているのかもしれません。上から来ない医者は確かに不安です。つまり、ここなんです、皆さん！「上から」が肝なんですよ！

等身大な存在が自分の身になって考えてくれるのでは、物足りないという人達が世の中には確実に一定数いて、漠然とした不安を抱えていると。その魂は、身の丈を離れた、異形の者が上から目線で「言うことを聞けぇ！」とシバくぐらいじゃないと浄化されないんです。そこがYOSHIKIらの狙いでした。XのレーベルからU出て来たLUNA SEAは観客を「スレイブ」と呼びました。〝奴隷〟です。観客はこれに熱狂した。これが「お客様は神様」だったら彼らの成功は絶対ないわけです。ここで大事なのは、奴隷と言いつつも、実は観客を〝クライアント〟と考えた点でしょう。要は「依頼人」は、ちょっと振り回されたい〝わがままな人〟だと。

SM界の金言に「Sはサービスのｓ、Mは満足のM」というのがありますが、ヴィジュアル系のビジネスモデルの基幹には、主従逆転のあべこべな道理がリバーシブルに存在していたのでした。

〝平凡で退屈な日常〟という「問題」を抱えお困りの方に、「ここではないどこか」へちょっと乱暴に案内して「解決」してくれる存在。そこは、ディズニーランドのホーンテッドマンションみたいな、実は安心安全な〝非日常空間〟。一分の隙なく完璧に構成された退廃的で耽美的な世界観は、彼らのサービス精神の賜物です。だからヴィジュアル系は素晴らしいんです。

加えて、いかに芸能として優れているか。結論を先に言えば、それは「ドレスアップ」にあります。これを見て下さい。

■悩ましい鼻腔の叫び…花粉症　■傷ついた羽根を癒す午後4時の水辺…銭湯　■イバラに傷つき辿り着く秘境…山菜とり　■十字架に縛られたアイデンティティ…童貞　■堕天使…抜け毛　■大地の血液…赤玉ワイン　■危険なタブロイド…東スポ

これは「ヴィジュアル語変換」というもので、いかにもなヴィジュアル系修辞表現です。つまり、「花粉症」という味も素っ気もないスッピン語句を『悩ましい鼻腔の叫び』にヴィジュアライズしているんです。では、逆にこれはどうでしょう。

「バイト」これは強いて云えば『定められた瞬間……』ですかね。同じように、ドレスダウンした状態から、ドレスアップさせるパターンで「ハッピーターン」、これなんかは『止まることを知らない欲望の連鎖……』などの表現がおあつらえ向きでしょう。「笑点」はどうか。『極彩色に彩られた日曜日のミサ……』がぴったりですね。こうすることによって、あの日常的すぎる弛緩しきった風景が、非日常的な、なんとも耽美的で、退廃的雰囲気になってくるから不思議です。

他にも「ヴィジュアル発音表記」もあります。例えば「あ〜」という発音。「あ〜」がプレーンな状態であるとすれば、限りなく「ば」に近い「あ」。これを文字通りヴィジュアライズしたのが「あ〜」。HYDEさんなどはこの使い手としては権威ですね。濁点がドレスアップの部分であり、プレーンをヴィジュアルフレーバーにした。そここそが彼ら一流の〝芸〟にあたる箇所です。実際には音声化されるかされないか微妙な「h美しき〜」などの子音も、『フぅ美しき〜』とすることで、発音を〝お化粧〟させることになります。

どうです？　結局「ここではないどこか」という非日常へ飛躍するためには、このような言語感覚で飛ぶしかないと思うんです。日常という重すぎる重力から解き放たれてこそ、彼らの標榜するエンターテインメント。醤油とか、カレーの匂いとか、口うるさいお母さんとか、そういう〝絶対日常〟から逃避したいと切望するクライアントはいつの世にもいます。また、これらの〝アトラクション性〟の完成度が高ければ高い程、金を落としたくなるというものでしょう。それは、ディズニーランドで〝世界観〟を満喫するようなもの。花やしきなら、あくまで「遊園地」を味わうのであって、世界観までの楽しみはないようにです。

昨今、ヴィジュアル系は下位分類が推し進められ、かなりのバリエーションと亜種混合化が加速しています。ヴィジュアル系だからといって単純に「耽美」とか「デカダンス」風味だけじゃなく、それらの反動でコミカルに寄せるグループもいれば、デス系、スクリーモ、咲きバン等々色々です。

しかし、ここまで沢山のサンプルが育ったジャンルが、かつてあったでしょうか？　それだけ、元々の枠組みが様式としてしっかりしていたから、これほどカスタマイズすることが可能になったのです。安定需要な場はジャンルとして成熟しています。そこには必ず「同一機能で多彩なバリエーション」がある。ヴィジュアル系はまさにそうですね。デコトラとかと同じなのでした。

［2012年9月1日号］

音楽教育

「マキタさんにとって音楽教育ってどうですか？」っていう取材がありました。そう言えば、学校の音楽の授業ってつまんなかったなと。僕の頭の悪さもあったとは思うんですが。説得力の無さというか、音楽の先生に限らず、学校の先生って、ある意味〝特殊な人種〟ですから、〝生きた音楽〟という価値観とは違う「試験のためのドレミ音楽」を啓蒙しようとするわけです。こっちとしては、自分の好きな音楽と、授業で教えられる音楽とのギャップがあり過ぎて、ましてや、ちゃんと学校教育のアウトサイド（クラブみたいな場所）で遊んだことがあるのかわからないような人と、自分の接点や共通項がどうにも見いだし難い。つーか、ある程度、モテたいとか、正しくやましい気持ちが起こる思春期まで、別段音楽なんて授業はいらないんですよね。小学校からやるくらいなら、算数とか、数学に時間を割いた方が論理力形成にもなりますし。

音楽や、美術とか、そういう芸術関連は、勝手にやらせておけばいい。世の中からそういった「余分」は絶対なくなりませんから。それでもまだ音楽の授業をするというのなら、僕がやってる「音楽あるある」みたいなものの方がよっぽど役に立ちます。

僕が拙著『すべてのJ-POPはパクリである』（扶桑社）で書いたことのほとんどは、音楽の基礎的なことよりも、実践的であり、アレンジとかの一番初歩的な〝捉え方〟です。とかく、僕が言うのは「音楽をファッションとして捉えろ」ってこと。シャツでもブルゾンでもジーンズでも、アイテムとして既にできあがってるものを組み合わせて、コーディネイトを考えていくことと同じ。既にある音楽ジャンルを組み合わせていくことで、こういうふうにして音楽の意味やその物語を紡ぐことができるんだよと。

「コード進行」だったら、それを五線譜にドレミファソラシドを書いて音符的に考えたりするんじゃなくて、Cというコードでイメージするものを基本として、Gはこんな響きだ、とか、で、進行上Cに戻ったら、何故か「お帰り！」感が生まれるとか。9度の音が入ってると「ナインス」と言って、緊張感が増すとか言われてるんだけど、それ以前に「どうも9番目の音が鳴ってたら、鋭さとか緊張感とかがあるぞ」と感じれば、それをファッション的な一つのアイテムとして考えてみるんです。胸元がザックリと開いただけのところへ、シルバーのアクセサリーを着けるだけで「こいつ、ちょっとヤバい奴だな」って思わせるような感覚で、9度のテンションコードを用いたら音楽ってこれだけ演出できるんですよ、ってことを中学校の音楽の教材とかで使ったらいいいんです。

そういった意味でいうと、今の音楽教育は〝DJのミックス〟とかやらせた方が面白い。BPMを揃えて、コードがなんとなく分かったうえで、クラシック音楽と、ビートだけ切り出したブレイクビーツをDJ的な手法でミックスさせてアレンジすることによって、ヤバい音楽を演出することができるわけです。まるでフォーマルな燕尾服と、カジュアルな〝ダメージジーンズ〟とを組み合わせることで、案外トータルコーディネイトできなくもないんだよってことと同じです。概念と概念をミックスさせるとか、文化と文化をクロスオーバーさせることによって、新たなダイナミズムがそこで演出できると。「その接着剤となるものが何なのか？」を考えるのが楽しいし、それこそがオリジナルな音楽観だと思うんですけどね〜。

［2014年8月2日号］

長渕剛ライブ体験記

「長渕剛 10万人オールナイト・ライヴ 2015 in 富士山麓」に行ってきました。伝説のイベントに参加すべく、僕のスタッフの男たち4人でのツアー。もちろん自腹です。一般のお客さんたちと一緒にこの行を体験しようと、1年ぐらい前から企画していました。

字数の都合もありますから、先に結論を書きます。それはとても思想がかってもいました。長渕隊長の指示に従い、反復運動を行う場。そして、それはとても思想がかってもいました。ま、思想と言っても、ゴリゴリのものではなく、あくまで長渕さん解釈の、ハイブリッド右傾思想とでも言いましょうか。これを見た外国の方は果たしてどう思うか、気になります。おそらく、へんてこりんなものに映ることでしょう。でも、それを僕は、鳥瞰して批評するのではなく、虫の目で体感したかった。

ちなみに、僕の長渕さんに対するスタンスを言っておきます。僕は芸風的に、長渕さんから影響を受けています。でも、信者ではない。曲も大好きなものが沢山あります。でも、曲が好きなだけです。

ライブは「JAPAN」という曲から始まりました。そして、最後の方には「富士の国」という曲でハイライトを迎えます。富士の麓で、「富士の国」を合唱しながら、日の出を待つ。40分ぐらい歌ってました。すると、本当にサンライズが。

長渕さんは、ライブ中ずっと「お前が主役だ！」「お前らの力で太陽を引きずり出せ！」と絶叫するのですが。日の出を迎えた瞬間の高揚は今でも忘れません。本当に素晴らしいものを見た思いです。「本当に我々の力で太陽を引きずり出したぞ！」と、そんな気持ちになりました。その瞬間、長渕さんは富士山に向かって叫びました。「おーい！　富士山！　頼む！　俺たちを幸せにしてくれー！！！！」すると、どうでしょう、満場の観客たちが万歳三唱を始めるではありませんか。ライブでは、グッズとして、一個500円の日の丸の国旗をあしらったデザインの手旗を皆持っていました。それをはためかせながらの万歳です。途端に僕のなかで熱くたぎっていたものがクールダウンしました。「それは無理だよ……」

不思議な体験。自分のなかにある心の揺れが、急に左側に傾き、真ん中を目指すバランス現象が面白かった。たぶん、掛かったエネルギーを逃がす免震装置が駆動したんだと。

「ユーモア心」だと思うんです。相対化ですね。この心理が長渕さんと、僕との最大の違いだと思いました。「熱狂」を冷ますには「冗談」が一番という認識か。僕のメンタリティに「俺たちを幸せにしてくれ〜！」という主観的なロジックは無く。たちまち「富士山に頼んでも仕方ない」というツッコミが頭に浮かびます。主役、主観はカリスマ性と相性がいいのかもしれません。古代の祭祀をそのまま見た気がしました。太陽を引きずり出す長渕さんはまるでシャーマンそのものだし。あと、卑弥呼とかもこういう手口で民衆を操ってたのかと。カリスマのテクニック面も解りました。

それからでしょうか。そう言えば、後ろ髪の長いソフトモヒカンがやけに多いなとか、女性はいるけど、可愛い人がいないとか、やけに冷静なつぶやきが心の中に浮かんできた。きっと何かが〝解けた〟のでしょう。

待機時間を含め、帰りのバスに乗るまで7時間半。バス停にようやく着くと「このバスは俺たちが引きずり出したんだ！」と僕は仲間に言いました。すると、隣にいた後ろ髪の長い人が睨んできた。僕は見ないふりをして、イヤホンを耳に突っ込み、ｉＰｈｏｎｅのプレイリストから山下達郎を選曲。とにかく、シティポップを聴きたかった。そんな夏の体験でした。

［２０１５年9月26日号］

大衆化と恋愛もの

「ひとりの悲しみ」という歌をご存知でしょうか。この曲、ズー・ニー・ヴーというＧＳのグループが歌ったもので、１９７０年に発売されたんですが、あまりヒットせず、一年後の１９７１年に改訂されて大ヒット。歌謡史に残る不朽の名作となりました。歌詞はこんな感じです。

明日が見える 今日の終りに 背のびをしてみても 何も見えない　なぜかさみしいだけ なぜかむなしいだけ
こうして　はじまる ひとりの悲しみが　こころを寄せておいで あたためあっておいで
その時二人は何かを 見るだろう…

この歌は阿久悠が作詞したもので。「安保闘争に挫折した人間の孤独」を描いたそうです。で、これがどう改訂されたか。

また逢う日まで 逢える時まで 別れのそのわけは　話したくない
なぜかさみしいだけ なぜかむなしいだけ　たがいに傷つき すべてをなくすから
ふたりでドアをしめて　ふたりで名前消して　その時心は何かを 話すだろう

勘のいい読者ならもうお解りだと思います。そうです、尾崎紀世彦が歌った不朽の名作「また逢う日まで」なのでした。

実はこのエピソード、歌謡曲ファンの間では有名でして、今回は別にそのエピソードを紹介したいわけではなく。果たして、何故、ズー・ニー・ヴー版が売れなくて、尾崎紀世彦版の方が売れたのかと。そのことが今回のテーマです。発売から一年ぐらいで、レコード大賞を受賞するほど曲として〝出世した〟のは何故か？　僕は「恋愛」がテーマになったからじゃないのかと思うのです。

元々この曲は、CM用に筒美京平が何本か書き下ろしたうちの一本で、〝曲先〟だったものに、その頃売り出し中のイケイケな阿久悠が詞を足した形です。モダンな曲調、アップテンポで、リズムセクションはファンキーな〝後ろノリ〟。そして、ここからが問題なのですが、詞のテーマが「安保闘争に挫折した人間の孤独」です。ちょっと「イケてい過ぎ」じゃないでしょうか。では、早過ぎたのでしょうか。それもちょっと違うと思うのです。

安保闘争は、言葉はアレですが、当時若者の「ヒップ」なカルチャーでした。今のシールズとも違い、割と無邪気に行われていたムーブメントの一種とも考えられます。1968〜1969年にかけての東大の闘争とか。「東大」というごく一部のエリートがスノッブに日本のこれからを憂えてやったことが、これまた、日本のごくごく一部のアンテナを高く張っている連中に飛び火していき、短い期間で収束していったのが学生運動です。「政治がヤバかった」んです。

でも、田舎の人達にはそんなことは到底理解出来ないこと。「なんでもいいから、道路作ってくれ！」「安保より生活！」のほうがリアルだった。その頃は、日本の国土の殆どが〝心理的田舎〟で占められていたはずです。かつ、ここからが重要なんですが、そもそも日本という〝場〟は「政治」より、リアルなものがあるんだと思うのです。それが「恋愛」。政治は解らなくても、色恋は誰でも共感出来る。しかも、歴史的に「和歌」を読んで政《まつりごと》としていたような人達です。「論理」より「雰囲気」であり、「情緒」のほうが肌感覚的に反応出来る。この国では大衆化する時にはラディカルであることより、「あるあるネタ」のほうが有効という好例だと、この曲の出世パターンから想像するのでした。

で、この曲、曲調も明るく、前向きに別れを歌う歌詞になったことで、創作的足し算が成功、独特の深みを生んでいます。独りよがりな悲しみよりも、「君と僕の物語」の方が有効なのかもしれません。僕は、今行われているデモ行進などの〝意識高い系のネタ〟を、そういう側面でも見ています。

［２０１５年11月7日号］

岡村幸福論

僕が、岡村靖幸さんの魅力を語る時によく言うのは、「自力で精通を迎えた人」の実力ってこと。それは言ってみれば、ヘンリー・ダーガーとか、フェルディナン・シュヴァルとか、アウトサイダーアート的な魅力です。ちなみにアウトサイダーアートというのは、既成のアート界の枠組み、ビジネスとか、その外側にいて、ゆえに、生前まったく評価を与えられること無く、死後、〝発見〟されるような作品のことを言います。インサイドにいた人と決定的に違うのは、「誰かの評価を期待していない」ということ。そして〝我々は〟その止むに止まなかったであろう、異様な「質量」を後に見て、あまりのことに驚嘆するわけです。

「自力で精通を迎えた人」というのは、言ってみれば、身近なレベルでのアウトサイダーアート。彼らの特徴として「独特な自慰方法」があります。僕は、その方法を兄貴に直接教わってしまったことで、実につまらないサラリーマン型自慰方法でした。でも思うんです。果たして、兄貴に教えられなかったとして、独特な方法でちゃんと〝気持ち良いソコ〟に辿り着けたのだろうかと。何故なら、エクスタシーというのは、「恐怖」と隣り合わせだから。

と、最近自分でも思うんですが。「人は何故歌うのだろう?」という本質的な問いです。歌う動機もないのに歌うことはとても苦痛です。なので、歌う気分を作るわけですが。その「歌う気分」というやつに向かい合うのが実に面倒だし、ある種の恐怖もあるし、しんどい行為なわけです。確かに、それらを乗り越えた時、一定のエクスタシーは訪れます。けれども、そもそも、人はそんな過程を経て歌を歌わないわけで、つまり、プロのミュージシャンや、アーティストというのは、その問題にいつも晒されているのでした。そして、そのことに敏感になればツライし、鈍感になれば、リスナーに見抜かれる。

僕は、岡村さんがその気になってくれるのを首を長くして待っていた口ですが。我々岡村ちゃんファンは残酷なので、心のなかでいつも思うんです。「岡村ちゃん! また〝独特なやつ〟頼むよ!」と。例えばそれは、命綱無しで断崖を駆け上がる天才クライマーを見つめる眼差しです。彼の無垢なる冒険を、あるいは失敗も含むドラマをそこに求めているんですね。

前作から結構待ちましたが、ようやく岡村ちゃんが〝歌う動機〟を得たのなら、こんな嬉しいことはない。結局、動機のある表現にはかなわないのです。何故なら、圧倒的に美しいから。

彼は自身の官能性に対して「我慢しない」人です。だから、誰からも教えられることなく、自分独自の「独特の表現」を獲得した。何処かの誰かが「あの人が良いっていってるから」とか、「あの人がそのやり方はダメと言ってるから」とか、言ったところで、そんなことでは止められない「強い動機の人」なんです。「方法」や、「セオリー」を超える越境表現が出来る人、それが岡村靖幸。だって、岡村ちゃんのダンスって、「見よう見まね」じゃないですか。伝わってくるのは、あの人の「快」という気持ちだけです。彼のダンスは、一定の教育を経過した、再生産可能なダンスじゃなく、一回性が結晶したもの。やっぱりインサイダーアートじゃない。我々は岡村ちゃんの「勝手」を愛でることで幸福を得るしかないのでした。

［2016年1月30日号］

不倫や恋の歌

不倫や、恋にまつわることをちょっと考えてみました。歌謡曲とか、ポップスとかもそうですけど、昔から、不倫の歌は結構多いですよね。演歌なんかは相当あります。面白いのは、人のモノを奪うような行為なのに、そういったことが平然と歌われて、しかも親しまれてきたということ。これが金とか、物品だったら歌にならない。共感は出来ません。

それでも不倫の歌が受け入れられてきたのは、そこに共感があったからです。

〝いけない恋〟というのは、「不倫、ダメ絶対！」という前提を易々と超える何かがあるってことです。この場合の前提というのは倫理とかモラルってことだと思うんですが。「野暮なこと言うなよ、罪深い人間の欲にはそんなもん無意味だよ」という、良くも悪くも「諦め」みたいなものがあったのではないでしょうか。必要悪と言いましょうか、原罪というか、人間のしょうもなさに対する許しみたいな観点があったと。でも、もうダメかもしれません。こんな狭量な、非寛容な世間では、そういう「毒」は、大衆芸能から除外されていってしまうでしょう。歌の力によって癒されるという「効能」が無効になる。これからは、カラオケで道徳的な「ありがとう～♪」みたいなことを歌って、同時に、いけない恋で悩んでるその人は心療内科で薬を処方してもらうという、0と100しかない世界になります。

あと、不倫の歌は圧倒的に、いや、そもそも恋の歌は、男の人が歌うより女の人が歌う方が説得力があります。女の人の視点の方が切なくてキュンとします。何故かというと、男の人は所詮〝射精〟したら、一気につまらない真人間になってしまうから。いくら「逢いたくて、切なくて～♪」みたいなことを歌っても、セックスしたらその切ない気持ちは半分以下になってしまうのが男性原理だからです。切なさカウンター0のリセット感が全然「詩情」と結びつかない。せいぜい、ジェンダー的に、男性だけど、心は女性みたいなアーティストなら話は別ですが、普通の男はダメです。男の歌は「する前」に限ります。そう思えば、尾崎豊の「I LOVE YOU」も解釈が変わってきます。この歌、セックスを歌っています。「した後」

の多幸感溢れるピロートーク的な雰囲気だと思ってたんですが。待てよと。終わった後の幸福感はそんなに持続していない。腕枕してたら腕は痺れるし、横で女の人が白目剥いて寝てたらどうするんですか。あるいは、女性目線から見たら「早かったな〜今日も……」って思ってるかもしれません。だから、あの歌は「する前」だと思って聴いた方がいいんです。付き合い始めて間もなくの〝し盛り〟の時、〝会いに行く直前〟の歌と思いたい。って、大きなお世話ですけどね。

［2016年4月23日号］

ユーミンと会う

松任谷由実さんとお会いしました。月一でやってる彼女のラジオ番組にゲストとして呼んでいただいたんですが。いやー、面白かった。自分にとってこれはちょっとしたお祭りだったので、思ったことをここにメモがわりに記しておくことにします。

①「清水ミチコさん、ほんとそっくりだな」……よりによってそこが一番の印象かい！ってなもんですが、思ってしまったものは仕方ない。ミチコさん、すげーわ。途中何回か目を閉じてユーミンご本人の声を聞いてみたんですが、ミチコさんの顔が浮かんでくる。声が似てるってことはもちろんですが、ものの言い草がそっくりなんだもの。でも、目を開けるとそこには本物がいるという。変な話「この〝物足らなさ〟はなんだ！」って思いました。本物のイチゴを食べる前に、イチゴ味を食べて来た人間の倒錯というか、

脳の間違いがそこにはありました。

②言葉遣いが凄い……「マキタスポーツには不気味な謙虚さがある」と言われました。さすが言葉の魔術師です。かつて「お笑い界のアクロス・ザ・ユニバース」と佐野元春さんに言っていただいたことがあるんですが、それより腑に落ちました。あと「長渕剛さんって人は、昔は吉田拓郎の蚊トンボみたいだった」とも言っていて、それじゃっていうんで僕が「それが後に〝とんぼ〟になったんですね」って言ったの、あれちゃんと伝わったかな？　心配です。

③やっぱり曲が凄い……今回、ゲストとして出演するにあたって、改めてユーミンの曲を聴き込んでみたんですが、音楽としての解像度の高さに圧倒されました。更に言うと。アレンジもさることながら、そもそも曲のデッサン力が違うように感じられます。そこら辺の絵が上手い人と、芸大に行く人とではリンゴを描くにも手の入り方が違うわけで。同じリンゴを描いてもリンゴの裏側にまで手が入って描いてるってのと同じように、描く対象の量感の取り方が普通の人とは全く違うように思えます。曲がアレンジされる前に、すでにある一定以上の何かを描いている気がしました。

④転調の秘密はあの声にあり？……付け加えて曲の話。「ユーミンさんは初期から曲の転調の仕方が凄い独特ですよね？」と言うと、「それはたぶん私のこの声のせい」だと。「私のこの声からは倍音が出ていて、その中に私にしか聞こえない音階があってそれを音に落とし込んでるんだと思う」ですって。すごくないですか？　この話、そして、この言い草。バブル期以降のユーミンは大衆化して「歌えるユーミン」になりましたが、初期はまだ「観賞用のユーミン」で、その天才性溢れるメロディラインは、とても常人では

真似できない独自の奔放さを持っていました。五線譜の上のフェアリーな振る舞いをこちらは愛でるしかなかったはずです。それはあの独特すぎる声に秘密があったとは。また、それを自分で言葉にしてるこの感じ。堪りません。「音階も大事だけど、私自身の頭蓋骨を鳴らした時にしっくりくるかどうかよ、やっぱり」とも言ってました。これも凄い。

他にも。「評論家にロクなのはいない、昔の歌を褒められても面白くない」とか、僕が加山雄三さんをネタにした下ネタをやると「あー、スワップね」とか躊躇いもなく言ったり。「薬師丸ひろ子の『Ｗｏｍａｎ〝Ｗの悲劇〟より』は人への提供曲での最高傑作」とか、ほんとに沢山のいいフレーズをいただきました。「マキタスポーツ……ごめん、ナメてた」最後に言われたこれがグッときましたね。そう言ってもらえてほんとによかった。だってナメられっぱなしじゃなかったってことですから。お世辞だとしても嬉しいし、その言いっぷりにキュンとしました。また、ぜひお会いしたいものです。

［２０１５年３月10日号］

5 役者現場

役者論

２０１２年公開の映画『苦役列車』に出演しまして、ブルーリボン新人賞を受賞しました。東スポ映画大賞でも新人賞を受賞しまして、報知映画賞優秀賞と合わせると、三冠の栄誉に。まったく、ありがたいことです。

で、役者業をしていると面白いな～と思うことに多々出くわします。まず、ドラマや映画の現場は、世間の価値観とは真逆です。例えば、現場で一番目立つのは役者じゃなくて「カメラマン」なんです。役者なんて「意思のある小道具」ぐらいのポジション。〝世界を切り取る〟のはカメラであり、監督を含め、世界の創造主たる「神」側の人なんですね。だから、現場では凄い存在感がある。当たり前のことですが、「映す人」は作品世界には映らないから、これは撮影現場じゃないと解らない。もっと言えば、「映る人」が世の中の人にとって神様的な存在なら、その「神様を作る人達」が〝いた〟ってことですよ。これには感動しました。

あと、業界の専門用語がわからない。まるで、外国に来た気分です。ハリボテの神様を作る業界は、言わばそういう民族ですから、独特の言語を持っています。ガバチョ、ハコウマ、ウマリ、バレメシ、ハイハット、マンチェ……あと、急に「90！」とか言ったりするから、びっくりする。

確かに刺激的で、今はこの世界の新参者として面白いんですが、役者の疎外感について想いを馳せました。映像界っていうのは、監督やキャメラマン（映画の世界では〝カメラマン〟じゃない）という、世界の創造主系がやっぱり〝花形〟なんです。だから役者は音楽とかをやりたがるんだろうな〜と。映像界でデビューして評価はされても、欲のある人ほど、舞台というか、もっと言うと「ライブ」をやりたがる。彼らにとって映像は〝自分のモノ〟にした感が薄いんだと思います。

また、お笑いが「ツッコミ」とするなら、役者っていうのは「ボケ」だと思います。人前でオッパイ出したり泣いたりするのって「ボケ」ですよ。それが出来るか出来ないかって重要だと思いました。で、僕、この前あるドラマで泣けたんですね。これ、すごく嬉しくて。なんか今の勢いなら人前でもセックス出来そうだな〜って思っちゃいました。キーワードは「勃起感」。すごく官能的なやつです。おそらくヘレン・ケラーが「ウォ〜タ〜！」って言えた時って、こんな気分だったんじゃないでしょうか？　ま、武田鉄矢さんみたいに勃起感ありすぎるのもどうかと思いますがね。

どの道、我々は、やってること自体が基本「恥知らず」。だから、あんまり気持ちヨガってるのは失礼だと思うんで、これからも粛々と勃起させていただきたいと思っています。

［2013年3月16日号］

パンチラと自意識

ある女優さんと話をしていた時のこと。その人はまだ、いわゆる売れていない女優さんです。「パンツとか出して、恥ずかしくない？」僕がこう質問しました。すると彼女は「全然！　まったく恥ずかしくないです」そう言うのでした。

ドラマの現場だったんですが、お色気が強めの内容でして、有名・無名・若手・ベテランを問わず、パンチラが売り。で、それ自体はいいのですが、ちょっと気になったので、かなりの頻度でパンチラを役柄上余儀なくされていた、その若手女優さんに訊いてみたんです。そしたら、この反応が返ってきた。これにはちょっと違和感を覚えました。要はハッタリ臭いんです。

あえて揚げ足を取りますが。そんなんでいいんですか?と。人前でパンツを出すこと、もっと言うと、人前で何かやること、それを見る側の人の心理に対して、本当にそんなんでいいんですか?と。〝プロ意識〟ってやつだと思うんですが、これが実にやっかいで。表現する側のプライドとか、そんなもんはハッキリ言ってエゴで、おまえの都合だろ?です。

「仕事だからこそ、いちいち恥じらってなんかいられない」とか言うかもしれませんが、恥ずかしいことをやっているシーンなんだから、恥じらいを持て!って思います。これは照れとは違います。単に照れていたら、こちらが恥ずかしくなる。そういうんじゃなくて、もっと本質的な「恥ずかしいこと」に向かい合わないと、「恥ずかしい表現」なんて出来ない。だいたい伝わらない。件の若手女優さんは、あくまで〝自分のための演技〟をしているのであって、〝観客不在〟な自己満足なのがわかっていない。この人、ここを突破しないと絶対この先無いなと思いました。

芸人なんかでもそうですが、自ら進んで熱湯に落ちたりする。で、アッチ〜!なんて嬉々としてリアクションを取ったり。この場合、落ちた後より、落ちる前の方が本当は大事なんです。「イヤだ、落ちたくない」

という「恥じらい」、あるいはみっともないことはしたくないという心理が一番重要なはず。バラエティで活躍するリアクション芸の達人達は、心根が二枚目な人ばかりです。だから面白いし、色っぽい。〝やりたくないことを、やらされてる〞という本音＝〝普通の人の心理〞に向かい合うことが出来た人だから、プロになれたんです。

気になる案件なので、違う現場でも、エッチなシーンをしている役者らに、男女問わずインタビューをしていきました。出来る役者さんほど「本当は恥ずかしい……」って言いますね。で、これからな役者、ま、ハッキリ言ってエキストラと俳優の中間ぐらいの役者ほど、鼻息荒く「仕事なんで恥ずかしくないです」な反応でした。僕はこれを〝ホステス道〞だと考えます。出来る人ほど「接客」の真髄を理解しています。つまり、本音はどうであれ、とりあえずは設問に対して「恥ずかしい」と〝言ってくれる〞んです。

その若手女優さん、僕が役柄上、抱きつくシーンがあったんですが、本気で嫌がってました。そういうとこ！って思いました。

［2013年7月6日号］

職業とプロ意識

「専門職化」について、あるいは、「プロ意識」に関しても。

まず、専門職化。先日まで、ドラマの撮影をしていました。初の連続ドラマ主演なので、気合も入るわけですが。丸2カ月もの間、スタッフ達とどう過ごすのか、これが〝座長〟としての最大の関心事でした。撮影の現場は、照明・撮影・録音・役者・演出などのセクションにわかれていて、それぞれがそれぞれの〝持ち場〟の仕事を専門的に集結させることで、1カット1カットが成立していきます。

照明部はいかに役者を魅力的に見せるかを、光の加減だけで判断します。撮影部は照明部と結託して、カメラマンが〝切り取る世界〟を一切の不純物がないように配慮します。余計な物を映さない。録音部は、ただひたすら音だけを頼りに、混じりけ無しの最高の音素材を世界から取り上げます。役者部は、泣いたり、笑ったり、役になりきることで、嘘がバレないようにしっかり演じます。演出部は、それら各部門の〝現場作業員〟をつつがなく動かしつつ、欲しい素材を、最高の状態で提供してもらうべく口八丁手八丁、言葉の限りを尽くします。

僕は、これらの専門職集団のなかの一人として、なるべく現場が円滑に回るよう、しっかりとコミュニケーションを取らねばと考えていました。で、各部門を注意深く見ていたんですが、興味深かったのがプロ意識ってことなんです。

「何かを捨てて、何かを際立たせる」皆、これをしているんですね。そこで、目立ったのが録音部。彼らは、音のみで判断するので、雑音の一切を嫌う。その代わり、カメラマンが撮る物は〝見えない〟。つまり、スティーヴィー・ワンダーみたいなもので、耳が異様に研ぎ澄まされてるんです。逆に、撮影部は録音部が「遠くでカラスが鳴いてました！」と言って撮り直しを要求しても、自分の撮った画にはカラスはいないのでピンとこない。それより、自分のカメラに映る長竿のマイク影の存在を常に嫌うんです。これもエジソンみたいなもので、目で見る事を研ぎ澄ましていくことで職能が際立ちます。

そして役者部。はっきり言って、マイルドな人格破綻者だと思います。だって、自分ではない人物になって、泣いたり、喚いたり、と思ったら、急に笑い出したり。で、その何分後かにはスタッフらと一緒にメシ食ってたりするわけです。でも、そうすることでトータル画になる素材を提供し、かつ、いち人格者として、皆の信用を得ていると。やはりこれも専門職的プロ意識だと思います。

［2015年3月21日号］

強そう

「強そうに見える」ということはなんなのか。

最近仕事のために殺陣の稽古をしてるんですが、そこで散々言われることがあります。それが「強そうに見える」です。「強い」ではなくて、「強そう」です。二つは似ていても、全く違います。

僕はその昔、剣道をやっていました。なので、棒っきれを持てば、どこか〝様になる〟と思っていたところがあります。ところが、殺陣は全然違いました。これが全く様にならない。自分の稽古風景を動画に撮り、確認するんですが、たしかに「強そう」には見えないんです。そこで言われるわけです……「うん、今のでもいいんですが、こうした方がもっと〝強そう〟に見えますよ！」。

剣道は「強そう」ではダメです。実際に強くなきゃいけない。あと、決定的に違うのは、キメ過ぎがダサいという美意識があることです。例えば、胴をバッサリ抜いた後、キメ過ぎているとかえって間抜けに見えるし、下手をすると、相手の反撃に遭い、逆に一本取られかねません。目線にしてもそうです。相手の目を睨み過ぎてはいけない。いかにも闘志にメラメラ燃えてる表情をすると、下品だし、次の攻撃するところへ視線が送られるのを相手に察知され易いので、そういう表情をしていると「こいつはバカである」と思われる。取っても取られてもポーカーフェイスで、動じたところを見せてはいけない。そのぐらい剣道はクールなスポーツなのでした。

ところが、殺陣では、これらを全部ひっくり返したように、逆をやった方がいいようなのです。だったら「剣道でやっちゃいけないことをやればいいじゃないか」と思われるでしょう。それがそうはいかないのです。小2の頃から、ほとんどDVのように躾けられ、叩き込まれてきた「癖」はなかなか抜けません。殺陣師の方に「ハイ！　そこ、かっこつけて！」そう言われる度に「ビクッ！」とする。で、慌てて見得を切るように、動作からだいぶ遅れてキメ過ぎてみたり、睨みつけてみたりする。「強そう」がディレイタイムになってる。かなり間抜けです。

役者の方々は、「強そう」とか「〜っぽい」とか、「そう見える」ということを突き詰めます。それは、実際に「そうである」こととは違う。僕はけっこうそれっぽく見えるってことに関しては得意な方なので、この辺の問題に関してはズボラな対応をしていました。だってある程度出来ちゃうから。でも、今回ばかりはそれが通用しなかった。変な話「強い」がそれを邪魔していたのです。

なかなか面白い体験でした。よし！　もっと「強そう」になるぞ！

［2016年7月2日号］

演技の上手い下手

自分のやっているラジオで、あることが議題に上がりました。それは「演技の上手い下手がわからない」というもの。

ちなみに言っておくと、これから書くことは『演技論』ではありません。ましてや、お芝居の現場で僕が培ってきた〝マキタメソッド〟を語りたいわけでもないので、ご了承ください。そんなもの僕にはありません。

確かに、僕は役者として仕事をしてきています。でも、専門家ではありません。僕の思う専門家は、少なくとも舞台役者として、年に数回は舞台に立ち、撮影の現場もバリバリやって、収入を得ている人の事です。その点、僕は舞台には出ていませんし、今のところ舞台に立つということも考えていない。他でも収入を得ています、と言っても、生半可な気持ちで役者の仕事をやっているわけではありません。スタンスとしては「素人」ということで、呼んでいただいた場所で、しっかりと役を務め上げたいという気持ちでいます。今回は、僕が役者現場の「中」に入って、見て、感じてきた〝何か〟を、皆さんと同じ素人目線で少しだけ述べたいと。

考えてみれば、演技の上手い下手というのは、どういうことを言うのでしょうか。実力のある演出家の方や、渡辺謙さんぐらいの方なら、説明出来るかもしれませんが、僕には解らない。というか、基準が明確にありません。例えば、落語や歌舞伎、もっと言えば「古典」があるものに関して言えば「上手い、下手」はあるでしょう。過去と比べることが出来るからです。対象を〝どう演じたか〟が、その人の解釈とか、技芸ですから。でも、それ以外はどう「上手い、下手」が決まってきているのか。

僕は、そもそも演技の上手い下手ってどういう事を言っているのかよくわからないんです。デ・ニーロや、メリル・ストリープ、はたまた、メソッドや、演技論の大家、演劇の権威の誰それとか、それ以外は論じてはいけないテーマなのか。否、そもそもそういう専門的な話をしたいのでなく、普通に言われている「演技が上手い」という評価は一体何を指して言っているのか。人が、満島ひかりさんを「尋常じゃない」という時、それは何が尋常じゃないと言うのか、また「どこにでも濱田岳はいる」と言う人がいるが、その「濱田岳の汎用性」について説明出来るのか、あるいは、香川照之さんなら、木や風を演じても「上手い！」と言われ兼ねないぐらいの気迫を感じるが、それはどうしてなのか。それから、〝味のある演技〟つまり「個性派問題」もあり、単に上手い下手にまとめられない人もいます。さらに、木村拓哉さんのように、それらを超越し、一代限りの『型＝シグネチャー』となった人もいます。

と、そこまで深く掘り下げるのではなく、皆が軽〜く言っている「演技の上手い下手」について、僕なりに少し考えてみます。

①器用な人…これは、良くも悪くも、僕などにも当てはまるかと思いますが。物真似が上手い人が世間にはいます。練習とか大してせずとも、すぐに人の特徴などを真似してしまえる人。仕草、表情、声の質感などなど、これらを絵で例えてみればパパッとデッサンしてしまう、あるいは、それを精緻に写実的に描くか、はたまたイラスト化してしまえる。こういうタイプの人は上手いと言われがちだったりするよう

に思えます。でも、物真似が下手な人が演技が上手いということの条件に当て嵌らないというわけではありません。そういう人は「個性的」と言われがちで、上手い下手から除外されているような気がします。

②台詞回しが気持ちいい人…堺雅人さんなどは、立て板に水よろしく早口でまくし立てるのが上手いし、それだけでなく、口跡が良いので聞き取りやすく、また、自分の声をよく知っているのか、メロディとして台詞が耳に入ってきやすいように感じられます。長台詞なんか聞いていても、安定していて、気持ちが良い。多分、暗記力なんかも抜群に良いんじゃないでしょうか。地頭が良さそう。そういう仕事に対するシュアさとスマートさは、見ている人達よりもちょっとだけ早く〝現場〟の人が感じます。で、堺さんのような方は現場でその手の「伝説」を作られてきているような気がします。

③プレゼン力のある人…作品は、ディレクションする側の「こうして欲しい」というオーダーがあって成り立っている世界です。皆さんはその結果を見ている。役者が「私はこうしたい！」と思っても〝編集〟という力を持っているのはディレクションサイドなので、そこには発注主と、納品側との折衝が確実にあります。「此れ此れ然々なんで、この役はこういう事なんじゃないか？」という漠然とした答えのない問いが台本には散見しています。①なんかが得意な人は、そこでパターンA or Bをポーンとぶつけて見せる、でも、監督が「うーむ……」と悩む。監督は、本当はそんな有り体なものじゃなく、想像を超えたパターンXを見せて欲しいと願っている。が、上手く伝えられない。そこで、交渉（今風に言えば〝ディール〟）上手なその役者はパターンCを〝ダメに演じて〟見せる。撮影は予算の都合上、夜間までは出来ない事になっています。すると、追い詰められた監督は妥協して「さっきのAを見せてください」と言う。実は、最初

からその役者はＡが自分の一番見せたいやつだったので、Ｂよりもｃよりも素晴らしく、そのプランを演じて見せました。結果、そのお芝居が採用されると。我々はあくまでその結果を見ているに過ぎません。
④交際範囲が広く深い人…色んなところで話題になる人というのがいます。皆さんの周りにもいると思いますす。バイタリティがあって、如才なくて、好かれている人。「付き合いがいい人」とも言うかも知れません。これを芸能界の中の、特に演劇界・映像界（テレビ・映画）の中で大いに発揮している人は確実にいます。その人間の説得力や、存在感＝プレゼンス（軍事力）という「質」的な部分が、仕事という「量」的な部分に結びついている人。「役者になる」ということは、ドメインを取得すること、またはアカウントを持つことですから、その活動領域内での貢献度はフォロワー数（信用度）に結びつきます。口だけの奴か、実際に体を張る奴か、約束を守れる奴か、それら単なる芸能界のローカルな人間関係が、全体を覆うゼネラルな「演技が上手い」という評価につながっているような気もします。もちろん①〜③までが出来て、その上でってことだとも思いますが。
こうやって①〜④まで見ると、〝出世する人〟の条件って感じがします。我々が「演技の上手い下手」を言う時、それはひょっとすると「出世しそうな人」、もしくは「出世した人」を評価しているだけなのかも……。

［2017年2月25日・3月11日号］

顔

〝顔の仕上がり具合〟について。例えば俳優でこれを考えます。

先日、映画『アウトレイジ 最終章』を観ました。内容に関してよりも、俳優達の「顔」が凄いなと思って。噂通り、病み上がり顔の西田敏行さんと、塩見三省さんが凄かったわけですが。個人的には岸部一徳さんに特にやられました。岸部さんの涙袋は今本当に凄いことになっています。津川雅彦、山﨑努に次ぐ日本三大涙袋俳優ぶりに呆れ返りましたね。「狡い人の顔」は２０１７年現在岸部一徳に極まるのだし、その分野の最高記録を自らが更新中といった感じ。

『アウトレイジ』は〝比類無き顔面達〟の競演です。とにかくワンショットで画が保つ俳優ばかり。この世界、二つ同じ顔は用無しなんで、言わば、それらフリーキーな「顔オールスター戦」。北野監督は、ご自分の顔を含めて、保つ顔を選んでキャスティングしたんじゃないかってぐらいで、それはもうほとんど「顔大喜利」。白竜さんなんか、手の施しようがないぐらいの完成度で白竜でしたし、そのボス役で出演されていた金田時男さんの〝本物感〟は破格のものでした。

ちょっと考えてみましょう。造形、つまり「物」としての顔が優れて個性的な場合がありますが、それだとまだ「顔」じゃない気がします。顔には「私の顔」と「公の顔」があって、親が生んでから放ったらかしにされてる顔なんかはほとんど無く、だいたい社会と接することで「顔」は出来ていると考えられます。半分は物としての顔で、もう半分はイメージとしての顔がある。なので、「顔」の半分は他人が補って完成しているのだと思われます。強いて言えば誰かが一回着ている〝古着感〟ですかね。例えば、白竜さんや竹内力さん、小沢仁志さんあたりの顔の仕上がり具合はどうでしょう。強面なイメージとは裏腹に、顧客対応が完璧な、人のニーズに応えまくる、強い責任感を感じます。「顔、引き受けまくってるな」と。「竹内力の顔はみんなで使うもの」とご本人も思ってるんじゃないでしょうか。公園みたいな。税金で力さんの顔を維持してもいい。公園の緑化ならぬ、公竹内力のさらなる〝力化〟です。

香川照之さんの「顔」はどうでしょう。香川さんの場合、僕が感じるのは〝顔面のアスリート性〟です。とにかく顔のフィジカルが凄い。顔のシルク・ドゥ・ソレイユ、顔芸オリンピック……なんでもいいんですが、肉体としての「技芸的顔面力」が尋常じゃありません。見る側に解釈の余地を与えない、芸の力で、都度こちら側が黙らされて鑑賞するしかないほどの迫力があります。顔芸の歴史は香川照之以前と以後で語られるべきですし、「競技としての顔」という領域へ我々を連れて行ってくれました。もはやニュートラルな造形としての香川照之がイメージ出来ないわけで。そのエクストリームな顔面力は何よりも雄弁ですが、無限が0、全ての色を混ぜると黒になるように、そこはかとない「無」が転がっています。古舘伊知郎さんの凄すぎる喋くりの奥に、壮大な「無口」が横たわってるように。しかし、そのこと自体が香川さんの「顔」であり、その意味で、そのジャンルで一位の顔の完成度です。

逆に、仕上がってない顔とはどういうものでしょうか。一つ言えるのは「若さ」はその邪魔になるということ。ユーズド感がありませんし。彼らには、公の無意識（欲望）を引き受ける気構えがないため、自分で書いたウィキペディアみたいでつまらないわけです。「こう見られたい」とか、流行り廃りに影響された髪型とか、表情とかを使って自分語りを饒舌に語りかけてくるようでウザいのです。流行や、自意識を超えて、突き抜けた型になったものが僕の考える「顔」です。もっと出来損ないの顔をそこに投げ出してくれたら、仕上げはこちらでやりますから。

［２０１７年11月8日号］

6 自作自演家

ネタの作り方と怒り

ネタ作りの方法は様々、人それぞれにありましょうが、僕の場合は順序的に言うと「発想」→「ギターを使う」といった感じです。僕の代名詞的な『作詞作曲ものまね』は、実は僕の中では〝特殊なネタ〟です。

工程はこうです。まず、パロディの対象となる人に関心を持ち、「この人って一体何?」っていう〝トキメキ〟をバネに調べる。と、法則が見えて来るので、その人が一番分かり易い曲をトレースして、実際の詞をカットアップして、サンプリングする要領で切り貼り、で、ここからが一番重要な「独自の解釈」(企業秘密)を付け加えて、いわゆる「笑いのネタ」に変換します。

また、僕が独特なのは〝ものまね〟と言っておきながら、声真似や容姿真似は一番後回しで、しかもあまり重要視していない点です(ミスチルなどはもっと声を似せられるけど、わざとあまり似せないという例もあります)。このことについてはちゃんと理由があるのですが、長くなるのでここには書きません。

いずれにせよ、僕のネタの中では『作詞作曲ものまね』という物は〝一部〟であって全体じゃない。先にも挙げた通り、まずは「発想」→「ギターを使う」という大まかな決め事で作ります。

例えば『アナザーストーリーソング』というシリーズネタがあるんですが。尾崎豊のナンバーに「15の夜」と「卒業」があります。『アナザーストーリーソング』は、ここには何か『別の物語』が隠されてるんではないか?というネタです。つまり、バイクを盗まれた側と、窓ガラスを割られた側の物語もあるのではないかと。加害者がいれば、当然被害者もいるわけで。

これ、ネタを見た皆さん言うんですが、「尾崎の歌よく聴いてるね〜」って、違うんです。最初に尾崎ありきでのネタじゃないんですよ。「立場」と「視点」について考えている時に〝発想〟したのが先で、尾崎は後付けなんです。

大体、前から疑問なんですが、十人十色なんて言いますが、概念を気持ちいい言葉のリズムに落とし込んでるだけで、人の心はそんな単純じゃない。十人〝一色〟の時があったり、「あいつとは同じだけど、違うと言う方が今は得」とか考えたりする〝グラデーション〟を含めば、十人〝二十四色〟ぐらいはあるじゃないかと。また、時代が過ぎたら立場は変わるわけで、そしたら当然「ガラスの〝四十代〟」もあるわな、とか、「俺たちがいるからアイドルでいられるんだぞ、おまいら！」という視点もあるのだから、「なんてったってアイドル〝ヲタ〟」もあるだろうとか。

つまり、そういう「発想」ありきで〝イン〟して、で、さらにそれを僕の場合は、僕らしい「方法」でアウトする。それがギターや、歌という方法なんです。

で、毎回この「発想」が面倒なんですよ。発想っていうのは〝一番最初の批評〟なんです。違和感とか、そんな生易しいものじゃなく、たぶん『怒り』がその基礎です。それが皆さん感じている緩やかな違和感と触れ合った途端爆発するのがネタなのかと思います。

怒ることはとても面倒なことです。敏感肌みたいなもので、心の中の「アレルギー」的〝防衛〟センサーが、常に作動している状態ですからね。芸人で一線でやってる人、見て下さい、みんな超神経質でしょ？

人より恐がりで、怒りっぽいのが芸人に向いてるんですが、それはとてもしんどいものなんです。

［2012年7月7日号］

ギターという楽器

ギターという楽器について、皆さんどう思われてるでしょうか？　我々がギターを手にする時、そこにはただ単に楽器を弾くという行為以外の何かがあります。今回はその辺りを少し考えてみたいと。

ギターと言っても「アコースティックギター」もあれば「エレキギター」もあります。しかし、ピアノみたいな「情操教育」の一貫として、〝システムの内側〟に組み込まれたものではないような気もします。もっと始末に負えない、例えば「モテたい」とか、〝恥ずかしい気分〟と結びついた楽器なんです。ギターを覚える、又は、覚える気になる時、それは「親の意思」ではなく「自分の意志」であるケースが、ピアノの場合より圧倒的に多い。

「イヤ、よく言われる、〝モテたくてギターを弾き始めた〟のではない！」というギタリストもいるでしょう。でも、僕が注目したいのは、具体的な動機の在処ではなく、漠然とある「気分」をお手軽に現せる簡便性です。思春期にありがちな「衝動」に寄り添うように何故ギターがあるのか、大変気になるのでした。

「反抗の道具」と言ってしまえば簡単かもしれません。でも、そんな知性を持たずとも、始められるのもギターの特性でしょう。ギターを辞めていく人も、ピアノのそれより沢山いるのがそれを物語っていますね。いつまでも親に反抗しないように。

その意味では、〝持ち運び便利〟な「親に反抗できる道具」、といった感じでしょうか。だって「親の老後を考える」のに便利な道具じゃ決してないでしょ。

「ギター、バイク、チ◯ポ」は、〝暇つぶし三大アイテム〟として、男子の思春期三種の神器でしょうね、今も。どれも無駄で、邪悪な「業」と密接です。皆、大体同時期にイジリ始めるし。リア充型に行くか、オタク型で行くか、後に事業仕分けされてきますが。

で、問題なのはやっぱり、「建前」から始めるピアノと違って、「本音」で始める点なんです。しかし、この「本音」というのが〝甘さ〟を生む温床でもあるんですよ。

理論とか、資格をパスすることのない〝ずるい感性〟というのが「ギターを弾く」という行為には付きまとう。免許皆伝みたいな〝競技性〟とは違う、観念的な「俺、最高！」みたいな〝逃げ道〟がある。これも「ギター弾きを諦め切れない」、どうしようもなさの根源なんです。

ギター、特にエレキギターの特性は、ソロ楽器としての異様なまでの発達というものが、まず歴史上あったんです。

エレクトリックギターという楽器は、ロックンロールという、幼稚で、又、機能性と、汎用度に優れた芸能と共に爆発的に発展したのですが。アンプや、エフェクター(音色)という、音響機材(メカニカル)の発達も同時に進んでいったわけです。メカの発達によって、〝身体表現〟の呪縛からやや自由になり、自己の内面を芸術化し易くなりました。絵画の歴史で言うと、写実→印象→抽象みたいな流れと似ています。

エレクトリックなイノベーションで俄然「抽象表現」の可能性が増し、このベクトルで、〝ヘタウマ〟という技術領域をも用意することになるのでした。でもこれはもう一方で「精神を表せば良い」という〝逃げ〟も生む温床にもなります。要は「ヘタ」でもある程度形になるんです。これがアコースティックという身体性だとそういうわけにはいかない。で、もともと伴奏楽器としてピアノに比べると、構造上不完全な楽器のため、伴奏としての機能性を捨てて、ソロ楽器としての技法のみが一部奇形的に進化するんです。ゴルフのドラコンみたいなもので、例えば飛距離のみを評価するようなエクストリームスポーツな考えの枠組みと同じですね。メタルの特化（早弾きなどのプレイスタイル）とか。付随して、モータースポーツと、メタル系との親和性の高さは頷けますね。

これにより、「楽器としての欠陥」を補うかのように、今日のいわゆる〝ロックギター〟なイメージも生まれ、これを目指して弾きたいと思う人間も発生しました。

技法上のスタイルが確立する程に、益々作曲に向かない楽器という特性が目立つようになる。例えば、ピアノで簡単に両手を使ってコード弾きする要領を、ギターでやる場合は「曲芸」みたいなことになってしまうのです。複雑なことをより複雑にやらなければならない。逆に、ピアノは複雑を簡易に出来る。ギタリストならわかると思うんですが、エレキギターってコードでいうとやっぱ「E」が気持ちいいし、楽なんです。ギタリストは「B♭」は好きじゃないし、ギター弾きはそんなキーで曲は書かないし、そんな曲を書くのは鍵盤奏者なんですよ。面白いことを教えましょう。ギターソロになると急に転調する曲があります。あれって、ギター弾きに都合の良いキーチェンジをしているってケースが結構多いんです。先の例で言うとその時だけ「E」にしちゃうとかね。

ですから、構造上と文化上の二つの理由から作曲に向かない楽器となってるのでした。

と、「イキ顔」。僕はこれを「苦痛を薄めた顔」と呼びますが。要は文字通り「イク」を目指してる過程で発生しているわけです。「イク」のは簡単じゃないですよね？　自己の曰く言いがたい感情を、具体的に音にして表現しつつ、「やわらかい部分」にタッチしようとするんですもん、そりゃあんなみっともない顔にもなります。つまり「夢中」の道程にあの顔が〝慣性の法則〟としてある。

習字の「ハネ」や「ハライ」は「型」ですが、元来は「気持ち」だったはず。点と線だけじゃ理系的ではあっても、文系的で色気ある線は描けません。答えがありそうでないものを追いかける分「逃げ」という余分も生まれますが、音符以上、意味未満の隙間にあの「イキ顔」はあるのです。

［2012年7月21日］

便道

元々、人間は「腸」という考え方があります。贅沢が常態化した現代人は、結局は肝臓や膵臓、腎臓とかの濾過器官が一番ポンコツになりやすい。過激な時代に生きてると、過激な欲望を追い求めるのでした。でも実はそういう下働きをしてくれるところとか、汚ないことをやってくれるのが大事なわけです。となると、ありとあらゆることに言えることですが、肛門からの、あるいは大腸からの〝逆算〟で考えたほうが本当はいいはず。

例えば、便器を「お皿」と考えてみます。そこから考えると、本当に盛り付けが「うまくいったな」というヤツがたまにありますよね。もう全然、拭いたあとに「あれ？」って、何にも付いてないやつ。疑いたくなって、もう一回拭くけれど、やっぱり付いてなくて「なんだ。これでよかったんだ」と。ひどいときなんかは、拭いても拭いてもダメで。結局、拭いたやつで一回分出てるんじゃないか、みたいなのもある。そういうことがひとしきり終わって、水に流そうと身体を捻ったとたんにまたプリッと出てイチからやり直しみたいな。「ラミネートチューブか」と。

お笑いも、ますますある種の焼肉とかハンバーグとか、あるいは一過性のファストフード的なものになっています。若手芸人の使い捨て感とかなんかそうですね。結果、どんな〝汚いうんこ〟になるか分かりませんが、一過性でも〝お祭り気分〟を味わわせてくれればいい。一瞬の癒しというか、即効性のあるサプリメントとか、今のエンターテインメントってそういうことのような気がします。で、またそういうのって、どんどん使用すると、利きが悪くなってくるから今度は量をもっと増やして、より強い刺激を求める。すると、効いた実感がわかんなくなる、結果、強い〝キャラ化〟が進むのでしょう。僕などは、ともすれば「キャラ薄い」とか言われています。分かりづらいのです。「味わいがある」「噛み応えがある」とかじゃ全然ダメみたい。

だから、世の中、逆算で考える〝便道〟が必要なのだと。そういうことでいえば、僕もどういう人なのか?って「入り口」のところばっかり気にされている。「入り口」より便道は、やはり「出口」です。

自分の人生のこととか、家族とかスタッフのこととか考えたら、今のままで、ただ単に「入り口」のことだけに奉仕していったらダメだと思います。今のまま進んでいったら、色から形から相当ムチャクチャな〝ひどいやつ〟が出てきて「便器」を汚しまくって、もう大変なことになる。

でも、本質的にエンターテインメントというものは、そういう不健康なところがあるのかも知れません。究極のサービス業だし、人の要求に応えていくことって、結局、ずっとお祭りをし続けなきゃいけないってことだから。因果な仕事です。

便道は、険しい。でも、この道は極めたい。極めるべきだと。みなさん、いかがですか？

［2013年8月31日］

仕事と自己実現

「なぜ仕事をするのか？」これ、きちんと答えられますか？　僕は答えられません。あと、みなさんに訊きたいんですが、僕のやっていることは仕事でしょうか。僕は自分のやっていることが、「仕事」なのか「仕事じゃないもの」なのか未だにわからない。とりあえず、お金をもらっているので一応は仕事なのでしょうが、自分のなかで明確な〝お仕事感〟がありません。どこか、ぼんやりとした曖昧な気分があり、遊びのような感じもするし、遊びでないような気もする。定時に始まり、定時に終わるようなものではないし、世の中に絶対になくてはならない仕事ではありません。ひとつだけはっきりとあるのは「自分のやりたいことをやっている」ということです。でも、これって非常に怪しいやつです。

果たして、世間の人たちはやりたいことを仕事にしているんでしょうか。いわゆる「自己実現」ということだと思うんですが。僕のような、直接人の役に立たないようなものが「やりたいこと」になって、しかも、結果対価をいただき、それが自己実現という、非常に〝危ういポエム〟的な形で実を結んでいる人というのは稀なんじゃないんでしょうか。実業をしっかりとやっている人というのは、「やりたいことをやる」という変なポエムとは違う何かがあって、そのことをすることで金を稼いだりしてるんでしょうか。仕事と趣味は別なんてことも言う人がいますが、その人らは、どうしてそんな割り切った考えが出来たんでしょうか。

昔、「殴られ屋」という稼業をしているAさんという人がいました。そのAさんを取材したニュース番組を見ていた時のこと。最後、その企画を締めるキャスターのコメントには本当にびっくりさせられました。「さて、この殴られ屋のAさん、将来は歌手になりたいのだそうです」。殴られたような気分でした。手段が違うだろう。また、こういうこともありました。昔、ラブホテルの清掃のアルバイトをしていたんですが。そこにある時40歳過ぎのおじさんが新たなバイトとして入ってきました。いかにもワケありなおじさんは、僕の「なんでこんなとこでバイトするんですか?」という質問にこう答えたんです。「声優になりたいんです」。マジか、と。いいかげんにしろ、と。あまりの衝撃に自分が田舎に帰ってやろうかと思いました。

その時は気付きませんでしたが、自分もよくわからんことを企んだりして、「オレはオレの夢を叶えてやるぜ!」と、屁のようなことを考えていたのだから同じようなものです。僕がいよいよ社会に出る時代は、バブル末期で、まだフリーターがかっこいいとされていた時代でした。ちゃんと仕事に就くということがどこかダサいと思われていたのです。僕はその時の気分を引きずったまま、なんとかこの世界でお金をいただくことで、自己実現とやらをしてしまっています。こんなんでいいんでしょうか。仕事ってそういうことじゃないような気がするんだけど。

［2012年9月1日号］

やらされ君

「自分でやってる」という気分の怪しさってあると思うんです。レトリックとしての問題じゃなく。

突然、何を言っているんだと思われるかもしれませんが、それは思い過ごしです。あなたが、もし就いてる職務があるとします。それは「自分がやってる」ではなく「やらされてる」と思ってみてください。且つ、「やらせていただいてる」と思えたら御の字です。自意識のレベルでは、己で目指してそのポジションに辿り着いていたとしてもです。

僕のことで言います。僕は「ザ・おじさん」みたいな役をよくやるんですが、どうもこれは自分でやっているというよりも、やらされてるんじゃないかと思うと腑に落ちるんです。自分のなかには「いつまでも変わらぬ少年」みたいな意識があって、これがいつも「俺は頑張ってる」みたいな感じに騒いでる。で、それを表に出していると、周りにポカンとされる。だって、心がそうでも、側が完全におじさんだから。要はスベるんです。

ならばと、周りが思う〝おじさん〟を演ると、途端に「そうだよな、マキタはおじさんだものな」と言われ、なんなら賞賛される。で、僕も僕で、褒められると弱いからまたおじさんを演る。と、「あぁー！よくいるいる！　こういうおじさん！」と、床を叩かれ、指差され、笑ってもらえる。「演る」なんて言えばおこがましいですけど、〝そのまま〟でいるだけで、周りに評価されるんです。で、また発注が来る。モテると嬉しいから、受注する。

最初は「これは自分が演ってるんだ！」と思っていました。でも、途中で「ん？　これ、演らされてる？」と思い始めた。〝要請〟ってことだと思うんですが、それが見えたら楽になったんです。「少年性のある俺が、おじさんを演じてる、すなわち俺ってすごい」というややこしい自意識が外れて、「おじさんが、請われるままおじさんでいる」というのは、自分ではたどり着けない境地でした。芸能生活も間も無く20年になろうかという僕ですが、自作自演で「俺ってこんなに面白いよ！」と叫んできたなかで、これは意外な出来事でした。

「俺ってこうだからさ」とか、「俺はこうしたいんだ」ではどうにもならないことってあるんです。そういう時には、周りに耳を傾けてみるといいと思います。答えは内側じゃなく、外側にある。自意識の殻のなかで、悶々としている人がいるとしたら、これからは「やらされ」という観点が大事だよと言ってあげたい。

我々エンタメサイドの人間は、余分なことをやっている人たちです。自作自演が多いから、また「俺が演ってる」と思い込んでる奴らも多い。でも、視聴者、つまり顧客の方が偉い時代だから、余計、生贄にならないとダメなんです。売れない若手芸人の後輩が「単独ライブやってます」とか、やれ、頑張ってるアピールをするんですが、それはおまえが勝手にやってることだろう、と。おまえがやることも大事だけど、「やらされ」を探せよと僕は最近言って回るんですが。だいたいポカンとされますね。

［2015年8月29日号］

自作自演家の限界

「〝自作自演家〟ってどうなんだろう?」と最近考えています。「どうなんだろう」っていうのは、決していい意味ではありません。どちらかというとネガティブなイメージ。誰しも自作自演家になれてしまう時代って、いつからなんだろう。これを迎えることによって失ったものもあったのではないか。

嗚呼〝憧れの自作自演家〟。人は長らく自分以外の力、つまり「神的な何か」によって「作り」、はたまた「演ずる」ということをしてきたはずでした。人生なんて大層なものもそう。一口に「自分の人生」なんて言いますが、お百姓さんの倅はお百姓さんにしかなれない時代があったように、「自分の人生だ、オレは成りたいものになる!」なんて言えるようになったのはまだ最近のこと。と、同時に、現代人特有の不幸が始まったとも言えます。「成りたいものになれる」というのは幻想です。僕は本当はプロ野球の選手になりたかったのでした。でも、みっちり高校まで剣道をやっていました。何故かというと、親がしろと言うから。と、剣道人口の母数が少数だったこともあり、そのなかでまあまあ強かった。で、ズルズルと辞める理由も見つからず。挙げ句、ぼんやりと「いいな〜野球選手……」と遠巻きに眺めるボンクラぶり。

でも、ずっとプロ野球選手になれると思い込んでた人よりも、「あれ？　どうもなれないぞ？」と感じるのは早かったと思うし、後の〝マキタスポーツの独特の線〟は形成されたんじゃないのかと。

芸能の世界に自作自演ブームが到来したのは、いつ頃からか。おそらくフォークソングブームの頃からだったと思います。「選ばれた才能」は〝特権的な場所〟にしかないと思われていた時代。選ばれた容姿、選ばれた家柄、虎の穴のような選ばれた育成機関……それらを通過せずとも演ずることが出来る時代がついにやってきました。実はそんなこともなかったのですが、田舎者（精神の）を錯覚させるには充分であったんじゃないんでしょうか。

時を経て、今は大いなるフラットな時代。SNSの普及などもそれを後押しし、大航海時代ならぬ大自己表現時代になりました。巷の自作自演家達の浮遊した魂が渋滞し、行き場を求めて彷徨っています。かく言う僕だって自作自演家です。自分のしていることの不確かさ、でっち上げぶりに自分で嫌になるほどです。辛くも仕事になってるらしく、信用↓発注↓対価という行程を経てようやく気持ちを落ち着けます。「今月も自作ったし、自演ってるな〜」と。

ネット社会が迎えた顚末は、倣うべきモデルの喪失です。で、「基準なき時代」に拍車がかかった。

自作自演という野方図を篩いにかけるには「古典」が一番でしょう。例えば音楽の世界では、スタンダードをどう表現するかで、実力が測れました。でも、世間は、いつの間にかよく知らない「神曲！」だらけ。そもそも名作というのはそんなに沢山生まれるものじゃなかった。ましてや、表現する側もそんなに必要とされていなかったはずです。それが、基準をパスした〝納得の存在感〟より、自己表現したい〝内なる動機〟の方が尊重されてきた。だいたい、カリスマなんちゃらとか多過ぎですから！

［２０１４年9月13日号］

営業

いわゆる「営業」というものがあります。地方なんかに行って、今だとパチンコ屋さんとか、イオンモールとか、そういう所でやる余興ですね。これを「営業」というのは読者はご存知かと思われますが。僕はこれを今まであまりやってきませんでした。何故かと言うと、ウケないからです。

もちろん、全くやって来なかったわけじゃないんですが。積極的にはその仕事を取ってこなかった。例えば、こういうややこしいケースがあります。

①「マキタスポーツにどうしても来てもらいたいという主催者の熱」何が悪いんだという向きもあるかと思います。しかし、僕は営業ではウケないんです。また、こういうのもあります。②「ネタ指定のリクエスト」説明しましょう。

まず①ですが。「営業」は知名度が命。極端な話、知名度さえあればネタなんかやらなくたっていい。政治家の遊説も、小泉進次郎を見たいのであって、彼の演説の内容を聞きたいのではないのと同じです。〝珍しい生き物〟を見たいんです。でも、なかには知名度の無い僕を呼んで下さる人がいる。で、そのマニアックな方は大変喜んでくださる。でも、ここで問題なのは「呼んだだけで目的を果たしている」という場合があることです。その奇特な方は、ご自分の善意（センス）を疑っていません。こうなるとほぼ確実に「自分の面白いと思ってるものを紹介したい」が、やがて「絶対にウケる」に飛躍しています。で、僕がいざその場に登場した時に「あれ？　想像してたのと違うぞ？」となる。

で、②。これはもっとやっかいです。僕のやるネタは密室芸みたいなもので、マニアックな上に、批評性が高い。可愛気もありません。これをふてぶてしいおじさんがやる。そういった、偏った、地味な芸を喜ぶ人は「平場」（宴会場、催事場、屋外）にはいません。そういうオツなものを普段クローズドな「密室」では楽しむことが出来る人も、平場というフロアではすっかり変質してしまうものなのです。

でも、ネタ指定をしてくるその〝情熱の主催者〟は、観客とご自分が同じ種類の人間だと思い込んでる節があり、こちらが「あれやってもウケませんよ？」と言っても聞いてくれないんです。で、実際やる→案の定ウケない→変な感じになる、という負のスパイラルへ。

実際には、呼んでいただいた場合には、その場に最大限合うネタを考えますし、工夫もします。「華ない、媚びない、愛嬌がない」で、ギャラだけふんだくって帰っていくことはしたくはないので、「呼んで良かった」と言ってもらえるよう頑張ります。やはり、積極的にはやりませんが。

「営業」でやっぱり確実にウケるのは「ものまね」と「定番ギャグ」そして「音曲」です。大昔、バンドでやっていた〝音ネタ〟は、音源持ち込みのものまね芸人にその役割を奪われました。人件費も、機材費もかからず、しかも〝有名人も見られる〟ものまねはコストパフォーマンスが最高にいいからです。

僕の場合は、定番ギャグは諦めるとして、音ネタと、ものまねはやりますから、地方に出た時は、そこから皮肉な批評性は抜いて、ただただ道化に徹することにしています。もし、この先あなたの住んでる町で〝どこかで見たことあるような谷村新司のものまね〟を全力でやっている人を見かけたら、それはひょっとしたら僕かもしれません。

［２０１４年10月10日号］

構造と文脈について

いつも思うんです。僕は「構造」に関心があるんですが、世の中のほとんどの人は「文脈」に興味があると。例えば、「膝」という〝人体の構造〟が好きなのと、「誰の膝」なのかが気になるのとでは大分違いがある。膝小僧を見た時に、それ自体に意味を見出さず、単にそれは構造という〝仕組み〟としてしか考えない人は確実にいるのであり、ことほど左様に、「処女の〜」とか「長澤まさみの〜」とかに興奮する人は、僕が想像するよりも沢山いると思うのでした。

「エロ」というものは、ほとんど、ここで云う「文脈」に発生しているのだと思われます。物語というか、そこにある「意味」（＝属性）に感応しているのであって、つまり、僕の理屈で言うと「女性器」と「アソコ」とでは全く違うものなのでしょう。物理的な器官としての生殖器、及び、産道としての〝機能〟に神秘を感じ、挙げ句そこにロマンを僕は感じているんですが、どういう訳か「変態」の謗《そし》りを受けるのです。

音楽においてもそうです。僕は〝容れ物〟に興味があるのであって、それを感じる側には関心が薄い。

もちろん、まったく関心がないわけじゃありませんが、圧倒的に、内容よりも「形」に興奮するのです。歴史に興味があるとして、遺跡という形から謎解きをするのか、文献から当時の人々の暮らしを想像するのが楽しいと思うかの違いはあります。僕から言わせれば、人は嘘をつくけれど「形は嘘をつかない」ってことなんですけど。

「かっこいい」という漠然とした概念があります。形フェチな僕から言わせれば、「これが、結果、かっこいいとされた造形」というのが鍵なのであって、それは決して「かっこいい」という真実ではないのです。多数決的に、たまさかそれがかっこいいという暫定的正解にされているという事実からは目を背けませんが、虚ろな感じで付加されている〝意味有り気〟な「かっこいい」にはそそられません。美人という概念も同様です。それより、構造としての女性器は不変です。その都度意味が書き換えられているだけです。

神、否、人が創造した「人」というイメージはおぼろげです。それより、形の在る物理的な「構造」の方が信頼出来ると思いませんか？　人間という容れ物は何万年も前から変わらないんですから。だからこそ逆に思うんです。銀杏ＢＯＹＺの峯田和伸くんはこう言いました。「音楽なんて、自分の思い出でしか存在し得ない」これって結局、文脈、つまり「物語」に興奮してるってことですよね。とどのつまり、自分が主役になった音楽は忘れないってことなんだと思います。

僕は音楽評論的なことをしますが、いまいち共感してもらえないのは、僕が構造フェチだからです。熱狂的支持も得るけど、半数が蛇蝎のごとく嫌う。で、ごくたまに音楽とその思い出について語る。すると、本当に共感を得られ、それどころか、熱量が一気に上がる。

人はオッパイそのものより、誰のオッパイかを気にする……。お母さんのオッパイも、好きな人のオッパイも変わらないんだけどなぁ。

［2014年10月25日号］

最大公約数

「最大公約数遊び」というものがあります。ま、ありますというか、そういう遊びをちょいちょい僕が出演しているラジオ番組『東京ポッド許可局』でしてるんです。これがなかなか面白い。

「〜JAPAN」と題して、勝手に各ジャンルの代表を選びます。ちなみに〜JAPANというタイトルなのは、「岡田JAPAN」に引っ掛けて、ご飯に合うおかずの代表を決める「おかずJAPAN」を考えたのが始まりでした。その後「囚人顔JAPAN」「飼育員顔JAPAN」「わざわざ買わないが、あれば食うJAPAN」とか、様々な代表を選出。バラエティ番組作りなどに伝わる、マスコミの鉄則「間口は広く、出口は狭く」の真逆を行く、「入り口を狭く、出口を広めに取る」発想です。直近で言うと「テレ東・温泉旅番組キャストJAPAN」。これなんかは、へそ曲がりの多いブロスの読者なんかも選び易いテーマじゃないでしょうか。例えば「舞の海、奈美悦子、三津谷葉子」の三人なんかはどうでしょう。あるいは「パンチ佐藤、小林綾子、モト冬樹」とか。

選考の目安は〝目の負担〟にならないで、旅気分を味わえるってことじゃないでしょうか。変に行間が臭ったりしてはいけません。行間というのは、制作者サイドの意図のことです。旅番組はキャスティングで引っ張り込むのではなく、旅そのもの、お湯、料理、景色、旅館のホスピタリティなどを楽しむものです。そのための〝書き割り〟になる存在感の人がベターなのです。仮に沢尻エリカが旅番組に出たら、せっかくの景観が死んでしまいます。当番組でも話題に上がりましたが、「秋本奈緒美」という温泉物件も、80年代の秋本さんだとお色気が勝ち過ぎて、テレビの前のお父さんお母さんも安心出来なかったことでしょう。ところが今日の秋本さんは、見事に温泉に負けてくれます。これは芸能人としての〝自意識問題〟に通ずる話だと思います。

ちょっと前に二度ほど旅番組に出たことがありましたが、自分でオンエアチェックしてみて、サブカル臭さが邪魔でした。一部の視聴者に目配せしてる感じに見えてしまうんです。なんかアマチュアっぽい。僕のメディアの中の発酵具合はまだまだで、存在感がとげとげしく、逆に、旅番組に出れば己の青臭さ発見装置にもなるのかと。

芸能人というものは「文脈」があって意味的に世間とつながっています。しかし、その意味は時代と共に変化します。僕のそれも今後上書き、更新されていくでしょう。

テレビという場は〝目で見るまろやかさ〟が肝心。「見るとも無しに見る」という、いい加減さ、これを僕はイージーリスニングならぬ〝イージーウォッチング〟と名付けました。結局「あーあるある！」という最大公約数になるというのは風景化するということなのでした。ま、僕は当座そういったタレントは目指しませんが……。

［２０１５年２月21日号］

「かわいそう」と「物語」

あの〝おもしろ絵本作家〟こと、キングコングの西野亮廣くんの話をします。何かとネットでお騒がせしている彼ですが、僕は基本的に彼を昔から好きでして、概ね彼のやることを支持しています。で、僕が何故彼を支持しているかと言うと（支持というと大仰ですが、面白いと思っているということです）、彼が「かわいそう」と思えるからです。どういうことか？

子育てをしていて気づくことがあります。特に、物の道理がよくわからず、歩き出したばかりで、言葉を喋ることも出来ない幼児を見ていると、「こいつら死なすの簡単だな……」と。要するに、放っとけばいいんです。でも、それは絶対にしない。何故なら「かわいそう」だから。「かわいい」と「かわいそう」は語源が同じといいます。とびっきり無垢で、脆く、儚げ、健気で、真っ直ぐな存在、それが幼児であり、それが結果、親や大人からの「放っとけない」を獲得しているわけです。僕が「面白い」を好きなのは、「かわいそう」と繋げてこれを考えているからなのではないかと思っています。

例えば、つい最近、小沢健二さんがオーバーグラウンドに再浮上してきましたが、普段住み処としている、彼にとって居心地の良さそうな〝ハイソ〟な世界にいると、彼は「かわいそう」ではなくなります。それが、この汚れたメジャーフィールドに戻って来た途端「かわいそう」になって応援したくなる。

僕の言っていることは、とても残酷な要求だと思います。昔から僕は、例えば、たけし軍団と一緒にいるたけしさんよりも、ピンとして大物相手に悪口を言って喝采を受けているたけしさんが好きでしたし、東京事変よりも、独りの椎名林檎さんの方が好き。それもこれも全部「かわいそう」だからです。見る側の人というのは、そういう性質があります。やる側にとって安心出来ない、ヒリヒリとした場に立たせられることで、ようやく「放っとけなくなる」。考えてみれば、コメディの構造にしても、あるいは、物語って大体〝かわいそうな人〟が主人公ですから。

前置きが長くなりましたが、そこで僕は西野に言ったんです。「西野はそういう意味でかわいそうだ」って。そしたら彼はすぐにその言葉を理解したのか、「人間って物語が好きなんですよ。僕らはキングコングとして一回物語を終わらせちゃったんです。そしたら、ライブの動員が落ち込み、応援されなくなった。だから今はもう一回物語を作ってる最中なんです」と。僕は、彼のあまりの頭のクリアさにびっくりして、とっさに「かわいくない！」って言ってしまったのでした。

さて、そんな私マキタスポーツも元々「かわいそう」だったから、役者とかのオファーがあったのかな？なんて思うんです。でも、バンド活動やったり、役者やったり、小金もらったりして、「全然、俺かわいそうじゃねえな」なんて考えています。

［2017年4月22日号］

裸の声

〝普段意識していないこと〟というのが誰でもあります。例えば「背後」。ご存知の通り、ここには目がついてるわけじゃありません。僕のことで言えば、頭頂部が禿げてきていることにしばらく気づきませんでした。

「意識」というジャンルの中で、背後側は無意識の王道。なので、気づきにタイムラグや、個々人の配慮に濃い薄いはあっても、基本的に「油断出来ない」という前提の下に〝背後の無意識〟は存在しています。つまり、管理や、注意がくっついている。

では「声」はどうか。僕は「声」こそが、一番無防備で、普段人間が意識していないものなのではないかと思っています。〝声帯〟とか〝喉〟などの物理的な器官です。それは体の構造に関わることなので、神経系の認識が可能です。ところが、そこいら辺の器官から放たれている「声」の〝音色〟に関して、ほとんどの人が無自覚です。自覚的なのは、一部の歌手とか声優、俳優、政治家でしょう。言ってみれば、あなたがたの「声」は、街で、職場で、学校で、素っ裸のままウロウロしているようなもの。僕はこれを裸族ならぬ、「裸声《らせい》」と呼んでいます。

厄介なのは、己の声というのは、自分の顔の内側や頭の中で鳴っているということ。スマホや、レコーダー機器などを通じて聞いた自分の声に愕然とすることはしばしばありますが。でも、それはある種の特別な体験であり、またぞろ自分の内側だけに響き渡る「声」で音色のモニターをしてしまう。そこで「声」

に対する意識、感覚が主観的なものに閉じていって勘違いをする。結果、娑婆で発している「声」は実に無邪気に、ワイルドに、裸のまま闊歩しているわけです。

「声」というものを楽器で例えるなら、声質のほとんどは天から授かった材質で決まります。あとは声帯の形状、言わばデザインですね。で、それをどうやって鳴らすか。元々の声帯の楽器力に対して、ちょっとエフェクトをかけ過ぎなアイドルもいますね。それは生来持っている材質とかデザインに自信が無いってことなのかもしれません。でも、自分の声に関して自覚的なのはわかります。

歌手などが典型的ですが、年がら年中自分の声を外側から確認する、例えばレコーディングをすると、自分の声という〝体型〟はわかります。間違った発声や、変に気取った声は、言わば、自分の体型を活かさず、無理をした発声で、偽りの体型維持と体型誇示をしていることと同じです。そのうち、本来の自分の体型（声）に合った服（楽曲）や、化粧（唄い方）とはいったい何なのかを知っていくことになり、それを考えることが楽しみになる。オシャレな人が自分のウイークポイントを知ってる人というのと同じです。変に隠さないし、間違った自己顕示もしない、で、自分のコンプレックスと上手く寄り添いながら、似合う服を自身の裸に纏わせるわけです。

昨今、ひとりカラオケなどで自分の歌声をレコーディング出来たりしますから、一度自分の体型をジムに行って確認するように録音してみてください。己の声に自覚的になれますよ。とにかく、今のままじゃあなたの「声」は裸です。

［2017年6月3日号］

意地の悪さとお笑い

単独ライブ「オトネタ」を終えて思ったことを。

「オトネタ」は、僕が2009年~2012年までやっていた〝音楽ネタ〟ライブ。5年ぶりに復活させたわけですが。ま、個人史的に言うと、僕が世に出るきっかけになったライブなわけです。

今回、新ネタを作っていてあることに気づきました。それは自分の〝意地の悪さ〟。

お笑いのネタを作る上で大事なのは「歪んだ物の見方」だと思われます。まっすぐ物事を捉えられていたら、「視点」は生まれません。事柄に対しての疑いの眼差しが、今までとは違った立体を浮かび上がらせるわけですから。その意味では「素直さ」よりは「性格の悪さ」の方が都合がいい。

昔から言ってることですが。例えば、ドラえもんのなかで誰が一番お笑いの才能があるかと言えばスネ夫だと思うのです。のび太は、お笑いに愛されてしまったタイプの人で、笑われることはあっても笑わせる視点を持たない。スネ夫は、持ち前の底意地の悪さと、ズルさをもって、コンビで言うと、おそらく「ネタ書き」が出来るタイプ。実際、コンビでネタを創造する側の人間はだいたい意地悪な人間です。と言って、ジャイアン的な王者型のタイプではないので、都度、空気読みをしつつ、決してヒーローになれるわけでもないのです。どちらかと言うと、役割的にも、構造的にも「二番手」の存在で、その意味でライオンというよりハイエナ的な資質で世間と繋がっています。芸人は「賢い」が自明な世の中で、メディアの真ん中に躍り出てしまったジャンルだし、原理が見え辛くなってますが、実態はそういうことなはず。

沢山の新ネタを一気に作るなか、人の嫌なところをあげつらい、あるいは、世間的にイケてる人がこんなに間抜けだったらどうだろう?とか、良からぬことばかりを考えている僕。逆に言えば、売れて、ビジネスをしているうちに、いつしか知らず識らずのうち、性格が良くなっていたのだなと愕然とします。もちろん、本当の意味で性格が良くなってたとかじゃなく、便宜的にも、経済的にも「いい人」を前傾化させてたわけで。金に転んだと言えばそうかもしれないけど、自分としてはそんなつもりじゃなく、ここのテナントで商いさせてもらってんだったら大家には迷惑をかけたくないなぐらいの気持ちでした。それを〝丸くなった〟と昔から言うんでしょう。だから性格が良くなってたわけじゃないのです、むしろ悪くなってたのかもしれない。

僕が言ってるのは、クリエイティビティにおいては「意地が悪い」が善で、「人が良い」のが悪という話です。「いい人キャラ」を意思的にやることは相当なことで、その腹の括り方はある種の〝極道〟です。僕にはこの先そんなものを引き受けるほどの覚悟はない。

じゃ「この先も意地悪くいくぞ!」とかやるのは短絡的です。偽悪的に見えたらダサいし。例えば、僕はバナナマンの設楽統さんは典型的なスネ夫型だと思ってるんですが、『ノンストップ!』をやってる時の設楽さんはスネ夫性を抑える、でも、バナナマンライブではスネ夫性を爆発させる。お笑いに限らず、例えば、みんな大好き池上彰さんのことも、「性格が悪い」と思うと素敵じゃないですかね? 池上さんの問題意識が我々に「面白い」をもたらしてるわけですよね。

[2018年2月10日号]

山梨で芸能界

芸能活動20周年を迎えました。「えー、20年もやってきたの、俺？」というつぶやきが頭の中でこだまして、我ながらその無責任さに呆れ返る今日この頃。でも、さすがに、その20年のほとんどを地中深くで過ごしてきたわけで、よくもまぁ恥知らずにもやってきたなと感慨に耽ります。「この先あと20年ぐらいは何をしようか……」。

家族もいますし、「このままでもいいのではないか」とか、「財テクして、不動産収入などを得た方がいいのではないか」とか、「いやいや、もっと芸能界のど真ん中で活躍した方がいいのではないか」とか……ちょっと心の声の順序がアレですが、色々考えるわけです。売れようが売れまいが、やりたいことはやってきていますし、これからもやりたいことはいくつもあります。でも、なんか違う。そもそも「あと20年も生きてるのか、俺？」という凄く悲観的なことも頭をよぎり、「何が20周年だ！ 終活しないと！」とか縁起でもないことまで……。

確かにメシは食えるようにはなりました。けっこう税金も納めてますし、子供もいますから、大人として、生物としての役目も果たしてきたようにも思えます。でも、なんかゴキゲンじゃない。人に請われて、信用されて役を成すことで、対価を得ることの喜びも感じます。でも、それとは違うものを求めているような気がする……「サラリーマンが独立して蕎麦屋を始める」みたいなやつかもしれません。

「山梨で芸能界を始める…」唐突な話ですが、私マキタスポーツは、まるで〝サラリーマンが独立して蕎の先の20年のやるべきことです。しばらくやっていなかった「オトネタ」という単独ライブも復活させますし、これまで通りラジオもやりますし、本も出しまくりますし、映画監督もやりたいですし、だからこそ俳優もやっていますし、何かしら賞をいただけるならちゃっかり貰っちゃいたいですし、海外進出なんかもしたい。更に言えば、娘を嫁に出して、孫を見たいし、幼い双子の息子たちには水泳をやらせたい、それに長年支えてくれている妻にどかーんと家を建ててあげたい、且つ、ちょうどいいスキャンダルなんかにも見舞われたい。

でも、それらのものは〝やりたいこと〟でしかなく、変な話、やれることはその都度やるという話でしかない上に、「勝手にやれよ」ってなもの。それを超えて、もっと飛びっきり「誰も望んでいない」で、「はぁ?」ってものが〝やるべきもの〟だと思っています。

今現在〝自分にしか見えてないもの〟が「山梨で芸能界を始める」です。さしあたり、故郷山梨でフェスをしようと考えました。僕が山梨でやろうとしていることは、「人の地産地消」です。山梨は自前でエンタメを作ることが出来ませんでした。例えば、タレントを使うにしても、東京で一度でも結果を出した人を安く使うことでこれを凌いできました。人材育成、番組制作に関しても、「作る」ではなく、「買う」というコストの使い方なんです。なので、まずフェスを皮切りに、自治体と連携して、地元を盛り上げていきつつ、人材育成をし、県外の大資本にお金を吸わせず、地元で経済循環をさせて、雇用促進に繋げると。つまり、大胆に言えば、山梨でエンタメ産業をこしらえようという大計画です。

地元産のものを使って美味しいものを作ってる企業があるとします。でも、それを他県に紹介するのがいまいち下手。ネットを使うしかありませんが、上でハンコを持ってる人たちがそういうのに消極的というケースが山梨ではままあります。実は、Iターンで山梨に住む人がいて、そういう人たちは住環境の良さで移住してくるんですが、仕事自体は山梨ではしない、というケースがある。なんせ山梨は東京まですぐ出られますから。それと、彼らはパソコンで主な仕事が出来る人たちなので、居住を田舎に置いても平気なわけです。例えば、ライターさんとか、デザイナーとか。フェスでは山梨の美味しいものを紹介して出店したいわけですが、この場でライターさんとかデザイナーさんとかと結びついて、どんどん新しい発信を内外にしていけばいい。今まで、東京で稼いで→山梨で税金払って→消費は他所、だったライターさんやデザイナーさんは、山梨でも仕事が出来るんだなってことになる。すると、山梨で稼いで→山梨で税金払って→山梨で消費して、ってことになる。クリエイター系はうまくいけば憧れが生まれますから、後続者が出てくる。

大きく稼ぐとか、大量消費とかとは違った、もっとサイズは小さく、でも生きてる人の満足度が高い生活を作りたい。それには、山梨県内にあった諦めムード、「今まで通りでいい」という心根を変えなくてはいけない。「関われている」これに尽きると思います。「山梨が変わる」に参加し、関わることができ、信頼される、そういう実感を山梨の人に植え付けていきたい。

近い将来には中央新幹線、つまり、リニアモーターカーが山梨にようやく走ります。東京↓大阪間が67分、東京↓山梨間は25分程度だそうです。駅が出来、マンションも建ち、他所からの入居者も入ってくる。

でも、その人たちは山梨以外で仕事をして、遊びも山梨外へと出て行くのです。あるいは、地元で買い物をしても、それは県外からやってきた巨大ショッピングモール＝外資なのです。それじゃ意味がない。

ざっくり言うと、これが「山梨で芸能界を作る」という大風呂敷の一端です。実現出来るかわかりませんが、とりあえず挑もうと。ブロスにはお世話になっていますから、この段階で敢えて書き記しておくことにします。まずはフェスですが、タイトルは「ＳＨＩＮＧＥＮフェス」です。山梨が産んだ名将・武田信玄にあやかってみました。近い将来この「ＳＨＩＮＧＥＮフェス」の告知をどこかで見たら「あ、マキタスポーツが本当に何か始めたな」と温かく見守ってください。

［２０１７年10月11日・10月25日号］

7 公のプライベート

父が娘と風呂に入らなくなるのはいつ？

主に「男親」の方に訊きたいのですが、皆さんは、いつ頃から「娘」と一緒に風呂に入らなくなるのでしょう？　どんなタイミングで、どのようにして、はたして〝その儀式〟を執り行うのでしょうか？

自分のことで言います。僕はもう長女とは風呂に入りたくないんです。理由を書きます。普通男親は、娘からある日突然「入りたくない」と通告されるものとされています。しかし、僕の場合は自分から身を引こうとしています。ワケを聞いてほしい。

ちなみに、これを書いてる時点で長女は10歳、小学校5年生です。一般的に「入るか入らないか」の分水嶺は小4~小5とされていますが。小5で男親に向かって〝通告〟を言い渡すようなタイプは、もう相当世間に〝まみれて〟いる。たぶん馴染みの店の二~三軒はあって、禁煙も過去に二度ほど失敗しているに違いありません。

その点、我が娘はまだ明るく、天真爛漫で、世間も何も、結構なチンプンカンプンさで、ただただやたらと生きている。「お母さんに怒られないために」というモチベーションが最大の取り柄の純真なタイプです。しかし、問題は〝奔放〟すぎる点にあります。

「パパ、一緒に入ろう」と娘が誘ってくる。彼女はもう素っ裸。僕は娘の真っすぐな瞳、曇りのない熱い思いに、ついつい断り切れず「ウン……」と頷くしかない。毎回このパターン。僕は「いつまでこの関係続くんだろう？」と思い、いつも彼女が風呂場から去っていった後やるせない気持ちになる。「このままでは自分がダメになる」「今度こそはケジメをつけよう」「俺は都合がいいだけなんだ」と。そしてまた明くる日断れずに風呂場にいるのでした。

「何をやっているんだ、俺！」ずるずると関係は続く。

ハッキリ言うと、子供と風呂に入るのは、僕はそんなに好きじゃない。何かというとバシャバシャするし、頭を洗っていると背中にいきなり水をかけられたり、黙ーって屁はこくし、全く落ち着いて入れたもんじゃない。早く一人で入れるようになってくれた方がせいせいする。しかし、いざ「入らない」と言われたらどうしよう、と悲しい気持ちをもう既に先取りして憂鬱になる。だから逆に自分から去るのです。そう「まだ必要とされてるうちに」。

これが真相です。「どうせいずれ捨てられる」、それは逆に傲慢な考えかも知れない。でも、フラれる前にフってやるんです。

独り者の人には、親側の心理がこんなもんだなんてショックでしょうか。しかし皆さん、「親の子供からの自立」を何かとても崇高なものと思っていませんか？　純粋な親子間の「無償の愛」はないのか？そう思うでしょう。しかし、言わせていただきます。冗談じゃない、親はいつだって「臆病」です。その臆病につけ込んでくるのが子供じゃないか。それが「愛」であり、その程度が〝愛の内訳〟だってことを覚えてやがれ！

ある日のこと。またいつものように「パパ、一緒に入ろう」と誘って来た娘。僕は思い切ってカマすのでした。「もうこれからは一人で入りなさい」。すると娘はこう言いました。「やったぁ！」。僕からの勝ち逃げはやっぱり許されないのか。もう娘とは風呂に入りたくなくなってきた……。

［2012年12月8日号］

葬式

5年ぶり二度目の葬式を仕切りました。なんか、甲子園出場を果たした感じの書き出しになってしまいましたが。先日、実父が亡くなりまして、とにかく、これで母親を入れて、二回目の〝親を送る儀式〟をしたわけです。で、まだ親の葬儀をしていない方々のために、ぜひ、このやっかいな「葬儀」というやつを少しでも知ってもらいたく思います。そうでない方々もいらっしゃいますが、人はだいたい二回はそれを体験しなくてはいけないのですから。

僕の体験したのは、いわゆる「喪主」というやつです。喪主は、葬儀を仕切る、言ってみれば「主催者」ですね。ここからは、話をわかり易くするために、比喩表現で行くことにします。

「葬式は準備期間たった一日のフェスである」。準備期間が一日しかないのに、弔問客、つまりオーディエンスですね、この人達を満足させなくてはいけない。しかも葬儀というのは、無数のローカルルールがあり、遠方から来る人にとっては非常識に見える段取りもままあるわけです。例えば「通夜振る舞い」という、言ってみればケータリングがあるのですが。東京では当たり前のこのシステムが、僕の田舎の山梨にはないんです。母親の時には、東京方面から来た弔問客に通夜振る舞いをしなかったことで、一部クレームがつきました。これは山梨でも、僕の育った地域ではありませんが、香典を包まず紙幣を裸で渡し、お釣りをもらうという地域もあるのです。ローカルルール恐ろしや。

とにかく、こんな案配ですから、全方位を満足させることは非常に困難。それでも尚、最大多数の最大幸福を目指すのが喪主の務めという矛盾があるのです。で、フェスとしての葬儀。香典は「善意のチケ代」、葬祭場は「小屋」、葬儀屋は「イベンター」です。ではアーティストは誰か？　仏様でしょうか？　違います。坊主です。主役は亡くなった故人だろ？と思うかもしれませんが、それは表向きで、〝現世に残った人達のため〟のセレモニーというのが本当の図式。亡くなった方よりも、観客の満足度をベースに組み立てられた儀式というのが、今回の視点なのです。しかも、そこにある意識の有り様は、熱狂を非日常空間に求めるようなものではなく、あくまで儀礼的な〝人生の句読点〟を見つめるといった「消極的な満足度」に寄って掛かっています。

またこのイベンターと坊主というアーティストが、非常に巧みに、主催の心理を読み込んで商いをしています。様々なプランがあるのですが、これに関して「値切る」ということがし辛いということを知った上での価格設定をしています。お坊さんというアーティストにはお布施というギャランティがあります。「持ち歌」は1曲だけ、「カバー」だし、しかも今度のお坊さんは親父の戒名について……「一男さんは、自分で商売を始められたということで、フロンティアという意味で〝拓〟という文字を使いました……云々」親父は二代目です。間違ってんじゃん！　僕が「親父は二代目です」と言うと、「ま、ある意味、そういうことだったということで……云々」ある意味でって！　こんな具合だったので、きっちり値切ってやりました。

皆さんも是非、いつか来るその日の参考にしてください。もう一度言います。葬式は準備期間たった一日のフェスなんです。心して、挑んでください。

［2013年11月9日号］

お正月

正月は、誰かが「これから正月をやる」と、エイ！とばかりにやらないことには、正月にならないということを知ってますか？　自分で体験してちょっとびっくりしました。

去年のこと。元旦、オールナイトの仕事を終え、同行した家族と後輩と帰宅した僕は、小腹が空いたのでカップラーメンを食べようとしていました。そこでハタと気がついた。「ん？　正月か……」年々正月らしさが無くなってきている、と巷間言われていますが。正月に腹が減ったからといってカップラーメンを食べようとするほどに、現時点での「正月の基準」は緩いものとなってきています。

思えば、子供の頃の正月は得体の知れない因習、慣習のような縛りにがんじがらめにされていて、なんとも退屈なものでした。行われる全てのものは形式ばっていて、大人から押し付けてくるものばかり。僕にとっては、お年玉とお笑い番組以外は全て歓迎されざるものでした。

①おせちが嫌い。一見きらびやかですが、一つ一つは地味で素朴なおばあさんの食い物みたいなものばかり。ハムしか食べたくない。で、ハムばかり食べると怒られる。モチもむかつく。僕にとってモチは、

不意に食べたくなるものであって、正月だからといって「さー食べよう!」という物ではない。なんか恥ずかしいじゃないか。

②友達と遊べない。お正月は年始に来る親戚を迎えるために家に居ろというのです。いとこと遊べばいい、という向きもありますが、好きないとこばかりとは限らない。十も離れたモテなさそうな浪人生とどう遊べばいいのか。僕はもっと悪い友達と遊びたい。ところが十も離れた浪人生は「宿題やったか?」と。

③テレビがつまらない。私の田舎は民放が二局でした。おまけに、あろうことか静止画のお年賀広告というものが一定の時間大量に映し出される。躾の悪い友達と遊びたくなるのも無理もないでしょう。彼とエロい本をうつ伏せになって見たかったりするのです。

「お正月」という嘘は、既に行事として形骸化し無意味になったから、ライトなものにする道理はあると思います。文明人は、自らの抑圧を解き放ち、矛盾だらけの非合理を省略しました。そもそも伝統の類は、ただただ守られてきただけで意味が発生しているものばかり。ならば「反お正月」の意味もある。しかし、もうアンチを気取ることも出来ないぐらいかつての「お正月は弱体化」してしまった。「お正月」は、というかお正月も「自己責任」の時代に突入している。またもや「ベタ」が「進歩」によって崩壊せしめられたようです。

どこをどう境に「お正月」を始めればいいのか。私は、正月気分は、人に押し付けられ、与えてもらうものと思っている節があります。だから、自分でお正月をスタートしなければ「お正月」が家族や子供達に訪れないことに愕然としたのです。

今は、昔でいう「大人」はいなくなりつつあるのであり、ならば、自己責任の名の下に〝新たな虚構〟

を自分の力で作り出さなければならないのだな、と少し寂しく思ったのでした。それならベタで窮屈な、でも、ほぼ自動的に訪れる「お正月」の方が面倒くさくなくていいのにと。自由化された「お正月」というロマンを、一人で捻り出せる〝才能〟が多くの人にあるでしょうか。疑問です。「ライブ」という「行事・催事」を自分でやればやるほどに感慨深く感じます。

［2014年1月4日号］

時間

「時間」について考えています。よく「自分の時間がなくなる」なんて言いますが、これはどういうことでしょうか。誰か「時間」を管理、支配している存在がいるのでしょうか？　答えは「います」。例えば、子供はどうでしょう。親になって初めて思うことですが、子供は、いわゆる「自分の時間」を奪う代表的存在です。一見、親は子を支配している感じですが、実は子供が「愛」を人質にして親を支配しています。だから「自分の時間」を犠牲にして、子供に「時間」を少しでも回してあげるようにする。逆に、子供をさっさと疲れさせて、子供が余分に持ってる「時間」を、自分の方に回す。つまり、子供から〝奪う〟んです。そうすると、ようやく「時間」を実感する。

「時間」というものは、自然界に動かしがたく存在する「絶対的時間」と、そうではなく、人が支配する量的時間ってのがあるということ。現代人にとって「時間」は奪うものなんです。それを僕は「相対的時間」と言っています。

最近は忙しくて「なんで自分はこんなに時間の使い方がうまく出来ないんだろう」って思いはじめていて、「時間」について考えてみたんですね。昔、なんにもしてなくて、超暇だった頃、「時間」に関してこんな考えを持ったこともないし、「相対的時間」の存在なんて思いも寄らなかった。今思えば、ずいぶん野放図だったと思います。懐かしみついでに「時間」の使い方と「生活」について思い出してみましたが。つくづく「あぁ……」ってな感じです。

税金も、国民健康保険も、年金も払わず、本やビデオ、テレビにライブに、金をつぎ込み。食事というよりエサを腹に詰め、中古レコードを買いまくり、お気に入りの一枚に心を打たれたといってはバイトを休み、朝からギターを弾いては涙ぐみ、酒の力を借りて女の子の尻を追いかけ回していました。あぁ……。「時間」の占有率における「生活」の分量は極めて少なく、公共料金を払いに行く時ぐらい。それすら面倒だったなぁ。あぁ……。自分のために使う時間は無限にあると思っていたから、実際、昼も夜もなかったし、会いたくない人にも会わずに済んでいたな。あぁ……。

なんでこんなことを思ったのかと言うと、一つには「底が見えた」からだと思うんです。底が見えたってのは、要は「あと生きても20年」とか、そういうやつ。僕もう43歳ですから、否が応でも考えますよ「時間」を。「楽しい時間と、嫌な時間の進み方は違う」。これもよく言われているフレーズですね。やっぱり底が見えた今は「楽しい時間」だけ過ごしたいと思います。

あと、「打ち合わせ」ってのを我々はよくやるんですが、〝こちらから、あちらへ出向く〟んですね。相対的時間に照らし合わせて考えれば〝あちらへ出向いてる〟時間は、僕の時間を捧げてるんです。これ、なんとかなんないかなと。我々は立場の弱い単なる〝賞金稼ぎ〟です。だから、雇う側はこちらには来てくれないんです。で、移動してる間に、いろいろ楽しいこと見つけたりしてる。でも、ふっと思うんです。「別に、これ時間うまく使ってるわけじゃないな」って。要するに、全体では、誰かに〝こき使われてる〟だけなんです。それを誤魔化してるだけ。誤魔化した自分にも気付かず、どちらかというと、忙しい中時間をやりくりした自分に酔ってるぐらい。

「嫌な時間」は進み方が違うと言います。だから、その時間をつぶせるものを、知らない誰かから与えてもらって慰めてる。移動中、車の中で聴く音楽、ポッドキャストなんてのも、本当はあんな数いらないんじゃないでしょうか。誰かに文化的「餌ヅケ」をされてるだけなんです、本当は。

そういう「時間の支配者」から、時間を奪うことが、真の「楽しい時間」なんじゃないかなと。それをするためには、結局「偉くなる」しかないな〜って個人的には思っています。とりあえず「社長」ですね。時間と責任はセットですから。「社長」って責任は重いですけど、その代わり「時間」は、自分の自由にある程度出来ます。で、誰かから時間を奪うんです。あぁ……。

それと最後に。やっぱSNSってやつが、かなり「自分の時間」から「時間」を奪ってやがりましたね。こいつのせいで本当に本を読まなくなりました。特にエゴサーチって毒です。で、SNS関係を〝我慢して〟「ゆったりした時間」を、無理矢理作ってみました。したら「ゆったりした時間」、悪くなかったです。「時間」は、木から仏像を彫り起こすがごとく、自分で作り出してみるもんだとも思いました。

［2013年6月22日号］

虫

田舎育ちな僕は、子供の頃は虫が大好きでした。ところが、都会生活の方が長くなった現在、かなり虫が苦手になってしまっています。これ、人として、相当「ダメになってきてるな～」と思う案件ですね。

でも、生き物を観察したテレビや本は大好き。今はまだモテたいし、金儲けもしたいし、煩悩がありますが、いろいろ解脱出来たら、将来は昆虫採集家になろうと思っています。多くの方は興味ないと思いますが、ちょっと「考え方」を改めるために、角度を変えて〝虫の見直し〟をしてみたい。「虫」は〝ニッチ〟ですから。面白いはずです。

虫って「夢中だなあ」って思うんですよね。だから「仕事の虫」とか「勉強の虫」とかって〝夢中〟の慣用句として使われたりする。人間は脳が異様に大きくて、その中でもいろんな部位があって、二足歩行の脊椎動物で、メタな客観的視点てのがあって、本能の赴くままには生きていない。さらに理性があることによって、悩んだり苦しむっていう複雑な生き物です。

人間が〝ムシ化〟する時というのは、「ベタな心持ち」の領域にあると思います。虫は、湿度の高い暑い地方だったら、それだけに適応してニッチに進化し、〝特化〟する。さらに、DNAにプログラムされた本能だけのことしかやらない。その〝虫の正しさ〟ってあると思うんです。

それに比べると人間は〝正しくない〟。だから、本当は、人間の虫側に対する憎悪って「憧れ」が裏側にあるのかもしれませんね。

あと、「虫」になってしまっている人ってのもいます。特に〝ハードコア領域〟にいます。学者とか。STAP細胞で話題になった小保方晴子さんも、ある種の「虫」の目をしていたから、なんか恐かったし。とにかく、勉強の虫だったら学者にもなるんだろうし、学者肌なタイプの人間てのは、ムシ化してるってことなんだと思います。

「ムシがいい」ってのは、自分本位だったり自分勝手って意味。虫なんて思いやりのかけらもないし、人間に比べたら、自分勝手なのは当然。でも虫は正しいことしかやってないわけだし、「虫酸が走る」なんてのも人間からの目線のこと。ゴキブリが目の前を通ったら「虫酸が走る」なんていっても、ゴキブリは行動原理に沿って正しく動いているわけだし、人間の前を通るとき「すみません」なんてアタマ屈めて通るのは、虫ではないですよね。

都会暮らしの人間は虫が苦手になります。虫との共栄を避けて、人間は繁栄を勝ち得たような気になっていますが、実は人間は「虫に憧れている」のではないか?という視点で考えてみています。ちなみに僕は、いまだ虫が苦手です。たぶん「好き→嫌悪→許し」という段階で付き合っていくのが虫に対する正しいスタンスです。僕はまだ二段階目。レベルが低い。

江戸時代の日本には、人間の身体には9匹の虫がいて、これが感情や意識を呼び起こすと云われていたそうです。

心理学とか精神世界のものは、西洋的な〝神の概念がある〟国で、一部の天才たちがそういうものを分化していったわけです。やれ〝精神というものがある〟とか〝理性というものがある〟とか、その中に〝本能というものがある〃とかってのを作り出してきたわけです。でも、日本ではそんな考え方をしないで、自分のなかで訳の分からないものを〃虫のせい〃にしていた。

「虫の居所が悪い」ってのは自分でもなんだか分かってないわけです。「弱虫」ってのは感情のコントロールができない人のことだし。そういうのを分解して整理整頓したのが西洋医学のなかの精神、心理学だったのかもしれません。

しかし、昔は論理上、未分化だったからこそ、人間にもう一人の勝手な人格を当て、擬人化し、理性じゃ収まりきらない部分を理解したんじゃないのでしょうか。

僕のお袋たちの時代は「あの人はそういう性分だから」って言っていました。でも、今の時代そういうのはなくなってきています。そういう「性分だから〃しょうがない人〃」ってのは許されなくなってきている。原因が分かってるから、「治せばなんとかなる」って。でも、それじゃ収まりきらないことってありますよね。

今の時代、訳の分からない感情とか、勝手な感情を抑え付けている傾向は多い。本当だったら、怒りの虫は怒りに特化してるわけだから、ずっと怒ってるのが身体の中にはいるはず。泣いてるのはずっと泣いてることに特化してる。それがうっかり出てきちゃうと、泣き虫とか言われるだけ。

「虫」ってのは「ボケ」か「ツッコミ」かでいったら、確実に「ボケ」でしょうね。人前で面白いことが簡単に出来ないように、誰しも皆ムシ化することは難しいわけで。だから、人間は、本質的に虫に嫉妬してるんだと思います。身の回りや、マスコミのなかでムシ化してる人を見ると、ついギョッとして、虫を殺すように叩いてしまうのかもしれません。

もしかしたら、ゴキブリの生態とかに生き抜くヒントとかもあるだろうし。ゴキブリはゴキブリで夢中ですからね。つまり、人間は「夢中」に憧れるんです。

［2014年4月26日号］

かわいい双子

2014年末、私事で恐縮ですが、赤ん坊が生まれました。びっくりしましたよ。だって7年ぶりですから。僕は44歳、妻は38歳。しかも、さらに驚いたのは、双子だったことです。双子ですよ、双子！　これで計4人の子供のオーナーになっちゃいました。妻も7年ぶり三度目の妊娠が、まさかの双子。授かりものとは言え、正直面食らいました。

そんなこんなで、今現在、子育て奮闘中なわけですが。まー双子は大変です。二つの何も出来ない物体が、交互に泣いてるわけです。子育ての苦悩って全て「かわいい」から発生しているものです。この「かわいい」という気持ちは実にややこしい。〝放っておけない〟って思っちゃうんです。また、改めて感じたことだけど、あの赤ん坊という奴らは、とにかくこちら側にいっさい歩み寄るという姿勢がない。そりゃそうなんですが、思い通りにいかんな～と。思う通りになるという自分の傲慢さを突き付けられているような気がしてきます。実に理不尽。で、苦肉の策で思い出したのが、「そうだ！　赤ん坊は先輩なんだ！」ってトンチです。そうです、もうこの屁理屈はトンチです。自分の観念では計り知れないものを「意味わからん」というのではなく、何かを教えてくれてる先輩だと思ってみる、と。

僕は今までの人生で、だいたいにおいて理不尽さから逃れることばかりを考えてきました。でも、角度を変えて見ると、理不尽な目に遭ってる人って面白いんですよね。テレビの企画とかでも、ドッキリなんてのは典型的で、あれは理不尽な目に遭ってる人を見るやつです。理不尽な目に遭った人が取る態度は二つ。それを受け入れる人と、受け入れない人です。要は可哀想なんです。どっちにいっても可哀想なんだけど、可哀想を超えて「チャーミング」にまで持っていける可能性があるのは、理不尽を受け入れる人だと思われます。そう言えば、「かわいい」と「可哀想」って語源が同じって言いますよね。

自分の子供を見ていて、「かわいい」って思う気持ちは可哀想だからなんだって考えました。あいつらも、あんな未熟な状態で娑婆に出て来て、さぞや理不尽だと思っていることでしょう。だって目は見えないし、なんだか腹は減るし、ウンコは出ちゃうし、自分じゃどうにも出来ないし。

僕は今、なんだかわからない「かわいい」物体に毎日振り回されています。この悲劇的状況は、確実に自分を面白くしてくれることでしょう。こういう「圧」でしか〝気づき〟みたいなものって得られないのかもしれません。

あー、それにしても眠い。かわいくなきゃ眠っちゃうのに。

［2015年1月24日号］

公のプライベート

アメブロを始めた時のこと。アメーバブログって言ったら、今や芸能活動のひとつの拠点です。あそこで発表するプライベートが、いわゆる〝公のプライベート〟。矛盾してますが、それがアメブロです。そこで発表すれば、僕みたいなもんでも、ライブドアニュースとかのネタになったりします。お昼のワイドショーに出て軽口叩いても記事にされるし、ブログで小説を書いたと言えば「又吉を意識するマキタ」とか、まったく本意じゃないことを書かれたりして、一応ネタにされるのです。ならば、一応僕にもそういったバリューはあるんだろうと。最近では、わざと引っかかることも発言したりしてます。

ブログで「ベビーカーの入店拒否」という、非常にナーバスな〝子育てと公のマナー〟という問題を扱った時のこと。詳しくは件のアメブロを見ていただくとして、かなりの叱責を受けました。それも人格否定とか、そのレベル。思わず笑ってしまったんですが。

というのも、これ、わざと思わせぶりな書き方をして、要はメルマガに誘導しようという腹があったんです。うまくいくかどうかわかんなかったけど、どうせならそういう実験をするのもアメブロという場だと思ってやってみました。そしたら、出た結果は少しだけ。要は、ただ叩きに来ただけで終わってく人が多かった。基本は失策でした。

が、もう一方でいいサンプルも取れた。ログ解析と批判の数とを見れば、クレーマーの質がちょっとは炙り出せるので、「マキタ〝にわか〟」もちゃんと増えるんだなと。これをいわゆる炎上マーケティングというんだと思って、次にやるなら、この知恵は、別に使おうってことに考え至りました。炎上商法は目的にしたくないですからね。

言いたいこと、伝えたいこと、っていうのものを、いろんな層に当てるという考え方に限界を感じます。例えば、ラジオで「アメブロでタテマエ的な嘘を書く」という偽悪のスタンスをメタに語るんじゃなく、全部「本音」に見えればいいし、嘘も本音もどっちかわかんなくしちゃうのが、結果、本音が言えていいなと。冗談が通じない社会を生きるなら、たぶん、というか『一億総ツッコミ時代』の著者として「笑われる」のが一番正しい態度と再認識しました。ツッコませたもん勝ちだと。

「食」が大好きなんで、最近は、いろんな場所で、食べ物のことを〝情報〟的にじゃなく、〝熱〟で語るようにしています。何故ならバカに見えるし、平和でしょ？　で、自分なりのカレーの作り方を語ったんですよ。そしたら、めっちゃ叩かれた。びっくりしました。カレーって「思想」なんですね。公の場で、プライベートなカレーの話は叩かれる。ごちそうさまでした。

［２０１５年５月23日号］

品位

「品《ひん》」のラインってどこにあるんでしょうか。良い品のことを「上品」と言い、良くない品を「下品」と言いますね。でも、これ、分かりづらい上に、この価値基準、この時代に機能してるんでしょうか？

例えば。ちょっと前になりますが、デーモン閣下が「ライブに来られないなら、いちいち〝ライブには行けませんが頑張ってください〟とか言うな」みたいなことを言って話題になりましたよね。たしかに、ネットの時代になって、演者と一般人の境目が曖昧になりました。この類例は、一つの下品案件として世間に出回ることになったのですが。僕が思うのは、そもそも〝今の状態〟です。閣下がどれだけ正しそうなことを言ったところで、って話で。

だいたい「一般人」という言い方がもう怪しい。これは演者側からの視点です。本当はもう既に〝プロの演者〟と〝アマの演者〟ぐらいの差で、その差は大きいけど、両方演者なのは変わりはないわけです。自分もSNSなどを使って、あるいはブログで、自分の〝大本営〟を発表し、不特定多数に向けて常にプロパガンダしているわけです。または、テレビに出て、ラジオに出て、なんならギャラまでもらいながら、演じて、何か自分を表現している。そんな立場にいたら、閣下のようなことを言われても当然だとも思うんです。ましてや、ネット内でのことなら、栗林に入って頭上にイガ栗が落ちて来たことに文句を言ってるのと同じです。

僕も、なるべくなら下品という評価は避けたい。でも、いざっていう時に表にブルリンと剥き出しの状態で表出するのが「品位」というやつなんで、常にその誹りを免れるよう臨戦態勢でありたいとは思いつつ。斜め45度の後頭部のような、〝無防備な〟ところに「品」とやらは潜むらしく、どうも生まれ育った環境とか、なかなか手を加え辛い場所にそれがあるようで、実にコントロールし難い。故・立川談志さんは「欲望に対してスローモーな人間は上品」とおっしゃったようです。なるほど。慧眼です。

でも、でも、です。ネット文化がいくところまでいった今の状態で、その理屈を持ち出しても空虚です。SNSによって「欲望」がダイレクトに表明出来る時代に、それを抑制するような物言いは、単なる年寄りの「繰り言」として風景化してしまうでしょう。

はっきり言って答えはありません。「我慢」っていうキーワードで、これを楽しく受け止める術を人に紹介出来ないかとは思っていますが。そんなしち面倒臭いことしますかね？　僕は悲観的です。「我慢」と「楽しい」って、それを埋めるのは知性なんですが、そこまでは待てないのが人情です。「一億総評価社会」では、過去の、物理的、身体的距離感ゆえの上品／下品というラインは絶対に変わって来ている。それを認めるしかないのではないかと思います。

つい先日、中学生の娘と話していた時に、ちょっと「ん？」と思うことがありまして。例の〝ベッキー事件〟を議論していた時のことでした。それは「ベッキー、ゲス川谷、川谷の奥さん、文春、世間、の中では誰が一番悪いか順番をつけよう」というもの。娘は「男が一番悪い」と言いました。僕が「奥さんは被害者だけど、法律違反してるかもよ？」「文春は正義感で記事を書いてるわけじゃなくて、お金儲けで書いてるとしたら？」「直接関係無い世間は、実は底意地悪く面白がってるだけじゃない？」と、いろいろ〝目線〟をつけると、彼女のつけた順位に変化が出るだろうかという目論見でした。すると「誰が悪いかなら順位は変わらないが、誰が下品かってことなら、順位は変わる」と言ってきました。思わぬ〝目線返し〟。モラルとか、道義的とかって観点はもう娘には備わっていて、人間の品位とかいう一番分かりづらい点に話が行ったのが大変興味深かった。最後に娘は「恋愛感情自体が悪いわけじゃない」「恋する感情が持てなくなったら生きてる意味なんてない」とも。一応、今の子でも「品」って感覚あるんだ……。ちょっとびっくりした出来事でした。

［2016年3月26日号］

政治的

18歳が選挙権を持ちました。うちには16歳になる娘がいますが、「こいつがあと2年後に投票⁉」って思ってしまいます。正しくちゃらんぽらんなんですね。他所ではしっかりしてるという評判も聞きますが、親前では本当いい具合にちゃらんぽらん。「おい、脱ぎ散らかしをやめろ」「それな」「テレビばっか見てないで、ママの手伝いをしろ」「イェーす」。

僕がナメられてるだけなのかもしれませんが、これが正しき扶養家族の態度なのだとも思うのです。家の中が緊張状態にあるのは良くないと思っていますし、緊張は他所でするものです。でも、代わりに、社会に関する問題意識は低い。同様に、家族に対する問題意識も高くはありません。そりゃそうです。平和と安全とを僕や妻が完全に保証してますし、三度の食事に困ることはない。その他、就学、医療、安眠、遊興、旅行などなど、それぞれ全て無料。ゆえに、自分が生かされてるという意識は希薄。共同生活者としての義務はありますが、それを放棄したところで、本当に見放すこともないので、そこらへんはグダグダ。そうしているのは、その方が「幸せだろう」という、親側のボンヤリとした考えからです。「頼んで生んでもらったわけじゃない」という理屈もありますが、たしかに頼まれた記憶はない。望んで生んだ子ではあるんですが、子供側からのオーダーは無かった。だから、親が勝手にやってることなんです。そうやって漫然と育ててるあの子が、18歳になった時に「選挙、それな！」ってなるとは思えません。

政治や選挙に関心を持つには、直接税金を払う方がいいんじゃないかと思います。アイデアがある子はどんどん起業して法人格を持って、自分を経営していけばいい。高校生になったら株とかやって、儲けを出して、納税する。そうすれば世の中に興味が湧くと思うのです。自分が払った税金を使う権力側をチェックする必要も感じるし、自分の納めた税金で作られた公共の施設も大事にするでしょう。でも、それを自分の子供にさせるかというと、甚だ疑問。

そんな折、「選挙フェス」を見に行きました。三宅洋平氏の声にやられました。そこには「政教音」という、それぞれ離しておかなければヤバイ力を発揮してしまう、原始的な祈りがありました。うっかり感動してしまうんですが、子供はこういうものに心を奪われるだろうなと。子供はうっかりの塊です。

三宅さんは〝声の人〟でした。魔力のある声。ヒトラーもモハメド・アリも声の人でしょう、おそらく卑弥呼とかも声の人だったのではないでしょうか。三宅さんは、天から授かったあの声で、ロジックとメロディとリズムとを、ヴィブレーションとともに送りますから、そりゃヤバイですよ。

僕は権力や体制が大きな力を持つことに対しては心配しています。それは表現する側だから。だって、ただでさえ「芸能界」っていうしがらみだらけの世界で、言いたいことも言えないわけです。国単位にはちゃんと表現の自由を保証しておいてもらわないと。何かと圧力かけられたら萎えますよ。だから、彼の主張には大いに賛成なんだけれど、もちろん全部はノーです。逆に、彼の演説があまりに素晴らしく、極めて政治的な「音楽」だったから、安倍さんの全く音楽的じゃない喋りを思い、これを選ぶ日本人の感性に対して「やっぱなんか理由あんじゃないの?」って思ってしまいました。ああいうなんの魅力もない人を〝上に頂いておく〟という「日本人と政治」に対しての感慨です。

最後に。「政治と笑い」って日本人は不得手ですよね。政治家をおちょくるやつで、面白いの見たことない。あっても、なんか〝向こうの物真似〟感がある。これに関しては「パーティがないからパーティジョークの必要無し」ってことだと。「社交の場」の在り方は名称上パーティであっても、向こうのパーティとは違いますよね。同じように、向こうで「政治」と言ってるものと、相変わらず日本の「政治」は違うんだと思うんです。向こうの政治や、政治的な場にはジョークが必要なんでしょう。「風刺」がないとダメなんですよ、マナー的に。日本は風刺が無くてもやってけるんです。だから日本人がやってる「政治」は、政治じゃないのかもしれない。じゃ、何かと。これは最初に書いた「家族」的な在り方に近いものなのかな~と思うんです。

［2016年7月30日号］

同窓会

同窓会に行ってきました。凄かったです、同窓会。だって30年ぶりですから。

行ったのは、高校の同窓会。僕の通っていた学校は、故郷の山梨県内では歴史の古い伝統校で、OB・OGとの結びつきも強く、県内、あるいは、県外にも、ちょっとした学閥を形成しています。言ってみればフリーメイソンみたいに秘密結社化しているような雰囲気。僕はその地縁からは離脱してしまっていたので、メイソン達の存在を認識していませんでした。知らなかったんですが、同窓会（OB会）は毎年行われていて、卒業から29年目の代がその会の幹事をやるという慣わしがあるらしく、それで、ちょうどそのお鉢が僕らの代になったと。で、「有名人のお前もぜひ参加してくれ」との打診があり、半分〝ネタ拾い〟で参加しました。

思ったのは、とにかく一度は「同窓会なんてクソだ！」って思うことが大事ってこと。僕の場合、いったん人生をリセットして「出家」していた気分だったので、その分「同窓会」に対しては振り幅がデカイのです。田舎が嫌いになり、母校の妙なエリート意識をバカにし、全ての関係を断った。なので、若いみなさんにオススメしたいのは、「人生の否定」です。それは同窓会史観的に正しいことだと思われます。これをすると後の同窓会が断然面白くなる。褒美ですよ。「いやいや、同窓会なんて無意味でしょ！」という人程このチャンスはある。反対側にこそ真理はありましたね。だって、タイムマシンだもの。17歳からの一気に30年後ですよ？　ベンジャミン・バトン状態ですよ。一回「否定」は挟んでみるものです。

本音を言えば、「合わす顔がなかった」。長らく売れてない「自作自演家」ですよ？　そりゃみっともないです。ところがなんとか世間様に知られるようになった。錦を飾ってみたいって思いもありましたね。久しぶりに見る顔は、一気に老けています。男性のハゲ率は相当なもので、最初誰が誰だかさっぱりわからないし、というより、恩師だと思ったし、近づいて来られた瞬間思わずお辞儀しちゃったりしました。都内で電車に乗り合わせたら、席を譲ってしまうんじゃないかってぐらい。「お前もハゲてるじゃないか！」って言われると思いますが、僕は〝世間に知られてるハゲ〟です、向こうは名も無きハゲ、その差は大きいですよ。

「同窓会」という永遠不滅のベタなコンテンツの醍醐味を味わいました。やっぱり意味があるんですね、〝ベタ〟って。

［2016年12月3日号］

家族旅行

愚痴を書きます。ここのところずーっと休みが無く、しかも、僕が風邪をひいてしまい、すると我が家はなまじ大家族（総勢6人！）なものですから、次々とそれが感染していき、どうにも暗く重たい空気が家庭内に蔓延していた年末年始。そこで僕は、起死回生とばかりに「家族旅行」を提案。己に降りかかった「ヤバイ空気」を切りぬけようとしたのです。しかし、そんな保身的なコンテンツは見透かされ、見向きもされないものです。皆言わないまでも、益々「なんでうちは他の家がゆっくりしてる時にゆっくり出来ないんだ！」「なんでこんな時期に風邪を家に持ち込んだんだ！」「私たちはマキタスポーツの犠牲者だ！」という雰囲気は増幅。終いには、最後に風邪になった息子の一人が入院という最悪の展開に。一発逆転劇を狙った浅はかな「か……家族旅行をしよう！」はツルッツルに滑りかけていたわけです。

結局強行。1月から2月の頭にかけての諸々大きな仕事が片付いたタイミングで「お詫び旅行」は行いました。

目的地はユニバーサル・スタジオ・ジャパン。家族のリクエストを聞いた時にはめまいがしました。「温泉でも行ってさ、のんびりしてさ！」と促すんですがピクリともしない。そりゃそうです。上から16歳（女子）、11歳（女子）、3歳（双子男子）という子供の構成、彼らには「温泉」「のんびり」にはなんの魅力も感じられない。ましてや、そこにいろんな行間が込められていることに対する想像力も彼らにはありません。残る望みは妻ですが、彼女が実に厄介。我が妻は大の遊園地好き。更に、わたくしマキタスポーツの大ファンなんです。彼女のなかでは、僕が忙しく仕事をしていることが「わたしのマキタスポーツが世間に取られている」という発想になっているのでした。これはノロケではありません。細かい説明を省いて言います、〝極度の変わり者〟なんです。要するに、そんな家族が手ぐすねを引いて「さぁ、楽しませろ」と待っている状態。覚悟を決めて挑まなきゃとても乗り切れるものじゃなかった。

僕はナメていました。「覚悟」と「家族旅行」はあまり近い場所にないと思っていたのですが、これがそうでもない。計画性、経済力、プレゼン力、対応力、交渉術ｅｔｃ．……人間として大事なもの全てがここで問われているのです。「それって仕事と同じじゃん！」ってことです。

「家族旅行」は〝命を削る作業〟でした。もちろん今まで家族旅行をしてこなかったわけじゃないけど、益々実感します。よくいますよね、遊園地で夫婦ゲンカとかしてるやつ。あれ、仕事と同じ熱量でやってないから起こる現象だと思われます。「幹事力」ですよ。ま、修行だと思ってこれからもこの事案を乗り切って、人間としての戦闘力が上がったと思うことにします。アトラクションの行列からあちこちに脱走する双子を抱っこしたり、なだめたり、叱ったり、ものを食べさせたり……些細なことでケンカをする姉妹……またそれにイライラする妻……。それらを見ながら「これは一体どういうことなんだろう？」と考えていると、「ちょっと、何ボーッとしてんの!!」なんて妻から叱られ、ムッとする僕……。

ようやく、落ち着いて、カフェスペースでお茶を飲んでいる時、ふと「俺が死んだ時、この人たちが泣くところを俺は見られないんだな……」と考えてる自分を抱きしめてやりたくなりました。

［2018年2月24日号］

8
食癖

思いやり食い

僕は食い意地がすごく張っています。食べたり、作ったりしてるときに自分の中の欲望がスパークしてる瞬間があるんですね。これは、言ってみれば〝食癖〟なので、とても恥ずかしいことのような気がしていました。僕の食べ物に対する執着は、誰かの価値観、例えば「ミシュラン」とか「ぐるなび」とかの〝公の情報〟じゃない。食べ物にまつわることを、自分でスケッチをしておくことが重要だと思っています。

僕はそれを「思いやり食い」と言っています。自分で食べることに関してのストーリーがあればいい。それは食べ物も音楽も一緒です。食べてる行為ってのは自分が主役ですからね。「あ〜、これ、美味しいなあ」とか、「この美味しい物ともう少しでお別れしなきゃいけない」っていう切なさを〝あの日のカツ丼〟みたいなものに、自分の記憶のなかでスケッチしていく。その〝主役感〟こそが重要なんです。

現場で同じ弁当を食べていた後輩の山下が言います。「ニンジンという食べ物の意味がわからない」。僕の「思いやり食い」の観点でいうなら、「意味がわからない」なんて発言はもってのほか。例えば電化製品のスペック。あれを「意味わからない」で終わらせがちな人はいます。解ろうともしないで意味わかんねえ！というのはいけません。電化製品に〝ただならぬ関心〟を持ってる人にしてみれば、それは「傲慢」としか映らない。

僕もニンジンは嫌いです。でも、食べ物に対してはいつも自分の方が悪いと思ってる。

コロッケそばに関してもそうでした。なぜコロッケそばが許せないのか？ってことを考え尽くしたんです。ただ単に自分のなかの固定観念にないものだから、「許せない」というのは〝コロッケそば差別〟です。コロッケそばの何たるかがわからないくせに、「意味わからない」というのは、やっぱり自分のほうが間違ってる。僕は僕なりに、コロッケそばの問題点とか、なぜ人に訴求しているのか？を検証しました。そもそもコロッケそばという物は、それを目指してコロッケが作られていないという問題点に気付くまで、そう時間はかかりませんでした。つゆもそう。結果、甘すぎるんです。

僕は、コロッケそば専用のコロッケを作ってみました。「溶け出すコロッケ」と「サクサクッといくやつ」の2種類を乗せて。結論を言えば……最初のが良かった……。『一流のコロッケ蕎麦』なんてものを目指すこと自体が間違いであるということ、そして、ある種の侘しさと共に食すものだということ。なるべく独りで、立ち食いで、行きがかり上、仕方なく食べるというシチュエーションを想像し、いただけばよかったんだと。ようやく気付くことができました。ありがとうございます先輩……。

「食べ物先輩」そう、食べ物は先輩なんです。ちゃんと付き合えば、ちゃんと導いてくれる。僕は食に対して謙虚です。それは自分を一番「夢中＝主役」にしてくれるから。ゆえに嫌いでも、ニンジンは先輩なんです。僕が生まれる前からニンジンはあって、このややこしい食い物をどうにかして美味しく食べるようにいろいろ考えてきた先人たちもいるんです。もう学ぶことしかない！　アア、ありがたい！　山下は「なるほど～」と言いました。と、食べ残したニンジンを見て……「でも自分には〝この先輩〟は無理っすね～」だって。バカヤロ。

［2015年1月10日号］

食べ〝のろけ〟

僕がひとたび食べ物について語れば、その内容に異常性があるのか、周りはしばし引きつつも感心しています。これについては、ある意味コンプレックスとは言わないまでも、少々自分では恥ずかしく思っていたこともあり、今まで積極的には人前で言うことを避けてきました。だって、食べ物について興奮して語ってる様って、馬鹿みたいじゃないですか？　もっと、スマートに落ち着きながら、抑制しつつ、紳士的な態度で語るべきだと思っていましたから。ところが、いつ頃からか完全にタガが外れた状態になっていました。

僕は「汁」が大好きなんですが、しばしばそれをタッパーに取って置くんです。優秀な残り汁を。逆に訊きたいんですが、皆さんどうしてます？　残り汁。例えば、銀ダラを煮付けにした汁とかです。あれ、有効利用したくありません？　僕はああいった優秀な汁を捨てるなんて惨いことが出来ません。その日はお腹がいっぱいでも、翌日、炊きたてのご飯にかけて、万能ネギと焼き海苔をぱらぱらっと上からまぶして食べたいと思いませんか？　僕はそこまでの、言ってみれば〝汁が成仏出来る〟ラインを読んで、タッパーに入れて取って置くんです。

名古屋に「味仙」という有名な台湾料理屋さんがあります。ここのコブクロ和えの汁は最高です。僕は名古屋に行くと必ず味仙に寄り、これを注文します。そして、その残り汁から逆算して、他の料理の登板を考えます。辛くて旨みの凝縮したその汁で、餃子を食べても美味いし、もちろんご飯にかけても美味しい。他の炒め物も、最初はそのものの味を楽しんでから、少し飽きたらコブクロの残り汁をまぶす、かける、あるいは、混ぜるんです。もう堪りません。

僕が汁が好きと言うと、一緒に食事をしている人がスープ物を頼んだりするんですが、それがイヤなんです。何故か、残したくないからです。僕には残り汁も、スープの汁も同じ「汁」なんです。炒め物の残り汁も無駄無く頂くべく、色々考えながら汁継投策を立ててるのに、いわゆる汁物が入ってくると「おい！本当に行けんのか、それ！」「最後まで責任持てんのか！」と、人が注文したもんでも気になってしまう。で、よく見れば最後、案の定残してる。もったいない。汁目線で見れば、全部汁です。ご飯も汁で炊きますし、地球上の七割は汁ですし、人体も血液という汁で出来ています。もちろん、話が飛躍していることも知っています。でも、皆さんは汁を知らないんです。そう、「知る」なのに「知らない」んです……。

すっかり取り乱しましたが。僕は食べ物で「のろけ」たいんです。〝惚れ〟てるんですね、食べ物に。感動してるんです。この、心に訪れているキラキラしたものを大事にしたい。食べ物と『新婚さんいらっしゃい！』に出たいくらいです。

「山梨から来ました、夫のレバニラです。妻のマキタです」「どうされましたか？」「それがな〜、R・Nちゃんが人前で常に甘えて来るんよ〜」「R・N？　誰のことや、それは」「レバニラくんのことです〜」「ほ〜、甘えて来るて、どないな感じで？」「レバちゃん、マキちゃんのお口の中に入りたい、お口の中に汁入れたい！　言いよるんですよ〜」「ぶ〜!!!」（イスから転げ落ちる文枝師匠）

こんな僕は異常ですかね？

［2015年8月1日号］

夜中のラーメン

先日、夜中にラーメンを食べたんです。皆さん食べますか？　夜中のラーメン。その日は、一日ドラマの撮影で、ほとほと疲れ切っていました。で、小打ち上げと洒落込み、付き人と二人「よし、ラーメンでも食うか！」ってな感じで、帰り道にあった豚骨ラーメン屋へ行きました。

人は、食前と食後とでは別の人間です。別人になります。食べ終わった後、車の中で、満腹感を満喫してました。すると、どこからともなくウンコの匂いがしてきました。「ん？　これはどういうことか？」と思っていると、どうやら、それは自分の〝唇〟から匂ってきています。「オレは、ウンコでも食べたのか？」不安になり、唇をぺろっと舐めてみました。するとどうでしょう、それはそれは臭い、まさしくウンコの匂いがするのでした。そこでようやく冷静になりました。さっきまで夢中になって唇を寄せていた対象は、豚骨ラーメンではなくウンコ……。そうです、「夜中のラーメン」は「ウンコ」なんです。今思えば腑に落ちる点がいくつかあります。

だいたい、夜中のラーメン屋には様子のおかしな人ばかりがいます。あれは明らかに普通の人らじゃない。赤ら顔の者、呂律の怪しい人、いかにもワケありな感じの中年カップル、メガネが曇っている人、などなど。そして、撮影終わりで気持ちの高ぶっている人……。そうです、自分も何やらおかしな呪いにかかっている人間のうちの一人だったのでした。きっと神様のような人がパンと手を叩いたら、ラーメン屋が、一瞬にして枯れ葉だらけの森になる。そこでウンコを食らう我々はまるで、映画『千と千尋の神隠し』

のオープニングで、豚になってしまった両親のごとき醜き姿だったことでしょう。

思えば、その日の後半は、少々イライラしてもいました。撮影時間も押して、晩ご飯もとうに食べ終え、それでも撮影は続き、ようやく仕事が終わったのは夜中の12時過ぎ。楽屋に戻ると、なんと、付き人がグースカ寝ていたりして、それはそれはムカついていたのでした。で、「ラーメン食うぞ！」となったのです。これはやはり普通の精神状態じゃありません。人は、日の出とともに起きて、日の入りとともに寝るのが本当のあるべき姿。そう考えると、我々のような職業はつくづく妙な生活形態をしています。それに、「夜中のラーメン」はすごく味が濃い。塩っぱくて、甘くて、脂っこくて、あれを原始人が食べたら卒倒してしまうことでしょう。そんな物を求めて夜な夜な集まってくる人達は皆ちょっとおかしいのです。つまり、あれはウンコなんです。というか、ウンコだと思った方がいいんです。

ウンコを赤ら顔で食べる者、ウンコの湯気でメガネが曇る者、ウンコを分け合いながら食べる中年ワケありカップル、僕らは、並んでまでして、食券でウンコを買いました、付き人なんて「大盛りいいっすか！」でしたよ。車を反対車線側にある駐車場に停めて、片側3車線はある、長距離トラックがびゅんびゅん行き交う甲州街道を渡り、目的地の豚骨ラーメン屋に向かって、命からがら目指す異常性を想像してみてくださいい。ウンコを食べるためにですよ。

［2014年12月6日号］

お肉見

先日、肉を食べに行きました。

ところで「肉」ってなんでイベントになるんですかね。よくわかりません。付加価値だと思うんですが、食に関することのなかでも「日常」と「非日常」とは、我々の窺い知れないレベルで操作されてるんだと思います。我々が普段「食べる」ということを無意識に謳歌出来ていられるのも何か理由がありそう。

結局、我々は〝生きる〟だけのみの「食う」と、〝素敵なsomething〟を込める「食う」とは分けているのだし、もっと言えば〝大いなる無駄〟無しには生きてはいけないという、どうしようもない業を抱えています。その心の隙間に「食肉」という行為は忍び込むのでした。どうも開国以来、食肉は、多分に政治的背景を含んだ食文化っぽいですよ。ま、それは、専門家の方にお譲りするとして。とにかく、ラグジュアリー肉を食べに行ったんです、この前。

春休み期間中だというのに、仕事が忙しく、まったく家族サービスが出来てなかったので、家の雰囲気がすっかり悪くなっていました。なので、ここは「肉」だ！ってことで……。ほら？　なんかもう政治っぽいでしょ？　景気が良くない、日本の雰囲気が悪い……東京オリンピックだ！みたいな。

そんなこんなで、ちょっと前に知り合った、肉のスペシャリストの方に紹介いただき、六本木のとある、個室ありの鉄板焼き屋さんへ向かいました。構成メンバーは、家族と付き人を入れて計5人。行ってみて、ビックリ。だって、一棟丸々ステーキ屋なんだもの。しかも、食事を終えて出てくる人を見れば議員バッジとか付けてるし（あとで聞いたら森元首相も来ていたとのこと）。「あぶない……」。よく考えたら、その肉のスペシャリストの方、さる有名人の二世の方なんです。故に、ちょっと前提が違いました。

案内された個室は、それこそ松方弘樹が愛人と来るような所。程なくその部屋専属のシェフがやって来ました。恐る恐るメニュー表を見ると「時価」とか書いてあります。奥さんを見る。と、彼女は「何にする？」と言いつつ、心では「ビビってんじゃねぇよ！」と活を入れてくる。ああ、奥の席の付き人がどうにも邪魔です。なんでお前に時価の肉を食わせなきゃなんないんだ！　知ってか知らずか彼はニヤニヤしてます。つくづくちっちぇー男の自分がイヤになりました。

決まらぬ腹のまま食事はスタート。しかし、ひとたび、肉たちに口をつけたら、もう記憶はありません。その官能性に、あっという間に心を奪われ……昇天。んめぇー！！！！

で、会計はというと。「うん、俺、働くわ！」そう奥さんに宣言し、店を出る時に、何故だか爆笑しながら、付き人の頭を思い切りはたいてやりました。普通じゃありません。凄いですよね、肉。あれは一体なんだったのか。あの日のことを今も考えています。

［2015年4月18日号］

シズル感

ＣＭ業界に「シズル感」って言葉があります。
「シズル感」っていうのは、いかにもおいしそうな〝質感〟または「画面全体に漂うえもいわれぬ」さまを言うものらしく。元々は肉が「ジュージュー」と焼ける音を表した、英語の「ｓｉｚｚｌｅ」が語源で。後にそれは購買欲を促す広告業界の表現手法となったようです。

例えばビールの泡質、グラスがかいた汗、注がれる液体の流れる動線、その立体感、音色。それらが五感に訴え、いかにも「うまそう」という興味が振動する欲感……。

僕は、この曰く言い難いシズル感なるものがとても気になる。言ってみればシズル・フェチです。例えば、同じことをしゃべったのに面白気に見える芸人と、そう見えない芸人がいるのはどういうわけでしょう。僕はまったく落語も知らない子供の時に、立川談志を見て「この人は出来る人」って思いました。

ＣＭの何十秒の世界で「おいしそう」を伝えるために発達した「シズル感」は、不確定性を打破すべく、その正体を解明するために科学を重ねてきた歴史があるんでしょう。工夫すれば「シズル感」は出せます。

僕が面白いなと思うのは、人が「見えないもの」を語る時、用語は違えどだいたい同じな点です。「シズル感」は演芸業界に行くと「フラ」と言われ、オカルトの世界に行くと「霊」となり、美輪明宏の手にかかると「オーラ」、オタクの世界ならば萌えの原始「キュン」か。おそらくだけど、僕にはソレが同じようなものと思えてなりません。

さらに広げれば、物体が持つ本質的な「チャーミングさ」の抽出。女子の言う「かわいい」なんてのも、この「シズル感」が重要なファクターのような気もしますし。ってことは、この「シズル感」とは、日本人が特に好いたらしく思う何かに深く関わってる概念なのかもしれませんね。

で、これを方法論化する時なんですが。「恥」って観点がけっこう重要なんじゃないかと思うんです。「匂い」とか。例えば、僕、改めて言いますが「おじさん」なんです。だから臭いんです。もう加齢臭がコントロール出来ない。これがとても恥ずかしい。でも、この画面から伝わらない「恥ずかしい匂い」が、役者をやってる時に大事だったりするんでしょう。「なんだ、この臭そうなオヤジは！」っていうシズル感が評価されてブルーリボン賞なんてものをいただいたのかも。

そう考えると、ひょっとしたら〝汗をかいたグラス〟はビールにとって、とても恥ずかしいことなのかもしれません。自分はキリッとしていたいのに「こんなに汗をかいちゃって、だらしない……」と、外気との温度差をコントロール出来ない自分を恥じているんじゃないでしょうか。

肉はまさか自分が焼かれるとは思っていないでしょうし、ましてや、いい音を立ててるとか、いい匂いがしているなんて思いもよらない。で、この「思いもよらない」っていう〝天然性〟が、人間の古い脳の分野にある〝動物っぽい何か〟をビンビンと弾くんだと思います。「情報」を構成するってのはたぶん、単なる物理的配置です。それよりも、えも言われぬ「情緒」を感じる時に、人は官能的になる。

「あいつ、面白そう」って思われたいものです。

［2013年5月11日号］

カレオロギー

ラジオでカレーの作り方について語ったところ、凄い反響がありました。それは〝虎の尾っぽ〟だったみたいで、うっかり語ることを許さぬ領域だったことに、ちょっとびっくり。

「家カレー」の作り方って、家族の数だけあるという認識はあったんですが。これが実にややこしくて、カレーという物は、単なる食という域を超えた、サブカルみたいなもんだったようです。

僕は「日本カレー＋インドカレー」というコンバインを〝足し算カレー〟、少ない素材で、市販のルーを使用し、従来の簡単に作るカレーを〝引き算カレー〟と分けてみていたんです。で、自分は「今、引き算カレー期にある」と説きました。

基本的に日本のカレーは「煮物」の概念を応用した料理です。だから2日目のカレーが美味いとかまことしやかに言われてたりする。煮物は、浸透圧を利用して、味が染み込んだ物ほど美味いとされてます。だから、一回冷ます。時間をおいて冷ませば出汁が染み込みやすくなる。ゆえに「2日目のカレー」という考え方に行き着いていたのでした。

でも、これ、翌日に持ち越さなくても出来るんです。ジャガイモの溶け出しを早く引き出すためには、炒めの段階から、お湯を少しずつ継ぎ足せば乳化作用が促進され、食材同士が溶け合うタイミングを前倒すことが可能。たしかに、いっきに水を鍋に入れてしまうのもアリです。いい加減に作ったカレーでも〝ＬＵＣＫ〟はありますから。市販のカレールーは本当に良く出来ていて、〝どんな素材〟でも、プリクラで撮ればみんな可愛くなるように、あのルーで包みこめば、作業工程がちゃらんぽらんでもある程度のレベルになるようになってます。つまり、普段やってることをちょっとだけ丁寧にやるだけで、何もスパイスを調合したり、ヤギ油を使ったり、チャツネを使ったり、コーヒー入れたりしなくても美味く出来る。これが引き算カレーです。玉ねぎもそんな飴色になるまでとか炒めなくても大丈夫なんですよ。

と、そんなことを言ってみたら、めちゃくちゃ文句を言われた。「カレオロギー」。カレーのイデオロギーってことですが、思想とか理念みたいなもんにしちゃってる人（しかもほとんど男）が多く存在していました。曰く、「本物のカレーをわかってない」とか「まだまだ甘い」とか、「玉ねぎはやはりよく炒めなければダメ」とか「ジャガイモは入れるべきではない」とか。カレーなのに〝甘い〟とか言ってんじゃねーよ！ってなもんですが、結構な言われようでした。一番困ったのは、「あなたはどこのカレーを食べて来たのか？」みたいなツッコミです。要するに名店の味を知っているのかと。情報量にすり替えてる。僕は、ことグルメに関しては、この手の情報自慢が一番ダサいと思ってるんです。

食なんて、思い出とか、本人が美味いと思ったかどうかが重要なんであって、どこそこの味が一番いけてるみたいなことはどうでもいいんです。階級食いすんなと。階級より「背景」が重要なんであって、お母さんのカレーが本当に美味いかどうかなんて客観的に決めるもんじゃないでしょ？　土曜の昼にお母さんがパーマ屋に行ってるから作っておいたカレーとか、そういう思い出とか背景があれば十分なんですよ。客観より主観なんです、カレーは。つーか食なんて本当そうだと思ってます。

［2015年6月6日号］

100時間カレー

「100時間煮込んだカレー」は哀しい、という話を。そういった触れ込みのお店があるんですが。この「100時間」という売り文句、果たして本当に必要なんでしょうか。ちなみに、100時間カレーについて、存在自体を否定する内容じゃありません。実際、僕はそのカレーを食べたわけですが、たしかによく煮込んであるのでしょう、深いコクがあり、大変美味しゅうございました。じゃあ問題ないじゃないかと。でも、食べた後にふと煮え切らない思いが心に残ったんです。100時間煮込んであるのに。

これ、あらゆることに言えることだと思うんですが、「エクスキューズ＝言い訳」が事の本質を遠ざけていやしないかってことです。その〝売り文句〟は、その他多く存在するカレーとの差別化を意味します。そうやって「見え方」を工夫することで、競合する他と〝違う何か〟を浮き彫りにしたいと。このお店が面白いのは、お店から離れた場所に設置してある立て看板では、「カレー日本一」というキャッチフレーズを前面に出しているところです。その立て看板は、大きな通りを挟んだ反対側にあり、お店から漂う、いかにも「100時間」な匂いがしない物理的位置にあります。せっかくの奥深いカレー臭がしない位置では、説得力を「日本一」の方に切り替え、人々の注目をそちらにフォーカスしているのでした。またも出ました、差別化。と、僕はここで思うわけです。

「俺は、その会議に参加していない……」。カレー日本一を決める、その有識者会議に僕は参加していないのです。カレーは国民食です。誰もが好きだし、誰もが語れるもの、そして更に言えば、誰の心の中にも「私とカレー」が存在しているはずの食べ物なんです。そんな超メジャーな食べ物が、自分の知らないところで勝手に「日本一」を決められていたという事実。ああ、〝俺不在〟の置いてけぼり感や。これが、カレーという当たり前の食べ物じゃなく、「イベリコ豚のオレンジソースソテー日本一」という特殊物件なら納得しますが、物はカレーです。なら、その形容詞は、公共広告性という観点からも、個人の歴史観から見ても、「差別化したがりすぎ」な物に見えて仕方がない。なんか「SMAP日本一」ぐらい変な言葉に見えるんです。

ここには根深い問題が横たわっています。それは〝「無駄」に対する後ろめたさ〟。わざわざカレーを外で食べる理由をお客さんに与えなければいけない、強迫観念もそこには加わります。エンターテインメントや、菓子類もそうですが、そもそも論として「存在の無意味さ」を内包しています。存在そのものが不要かもしれないという恐怖心。だから言い訳をする。「ここにいますよ！」と叫びたくなる。

かつて僕は自分のやっている芸を『作詞作曲ものまね』とラベリングしていました。料理で言えば「まかない食」みたいなもんで、本来お客さんに出すべきものじゃないという照れもあったと思うんですが、「単なるモノマネとは違う」とか「モノマネは手段であり、目的じゃない」とか、いろんな意味合いを設定して自らネーミングしていました。これって完全に〝100時間〟と同じですよね。面白きゃいいだけなのに、余計な仕掛けを作る。今となっては戒めています。

空腹時、あまり時間もないので、ささっと何か食べたいって時にふらっと入り、食べてみたら……「ん!! 美味い！ 100時間煮込んでんじゃないの!?」って言わせたら勝ちだと思うんです。でも、それが出来ない。だから僕はあのカレーをある種の無常観とともにいただくようにしています。「おまえ、怯えてるな……でも……わかるよ」。だから、１００時間カレーは哀しいカレーなんです。

［２０１６年5月7日号］

クリームシチュー

クリームシチュー、みなさんどう思われていますか？　お笑い芸人のくりぃむしちゅーさんのことではありません。食べ物のです。

最近、クリームシチューのことを考えていたら、ちょっと「おや？」と思うことがあったので、今回はそのことについて。

僕の周りで聞き込み調査をした結果、クリームシチューをあまり好きではないという人に特徴がありました。女性が圧倒的多数なのです。反面、クリームシチューを好きだとやたら主張するのは男性です。これはどうしたことか。ちなみに僕はクリームシチューが大好きで、朝、妻に晩飯のリクエストすると、その日遭遇する様々なストレスを乗り越えられるほどです。

「晩ご飯何がいい？」「寒くなってきたし、クリームシチューがいいな」「え？　ふー、わかった……」なんでしょう、このネガティヴな反応。妻のこの応対に引っかかったのが最初でした。それから僕は仮説を立てた。「女性はクリームシチューより、ビーフシチューを好む」と。裏付けを取るべく聞き込みを開始したら、これがものの見事に当たる。同時にクリームシチューの成り立ちを調べると面白いことがわかりました。

脱脂粉乳をベースにした野菜煮込み料理として、学校給食に導入された日本独自の食べ物だったこと。そして、昭和41年にハウス食品が簡単にシチューが出来るルーを発売したことで、爆発的に家庭料理化しました。昭和41年、つまり1966年発売ということは、2年前に東京オリンピックが開催されるほど日本が元気な時代。高度経済成長期、右肩上がりで日本人の所得と、食卓が豊かになっていくそのタイミングです。その時に推奨された、理想的な家族のモデルは「男はバリバリ外で働き、女は家庭を守り、良妻賢母たれ」だったのではないでしょうか。だからでしょうか、その時代に作られた広告イメージをいまだに引きずってるのか〝いいお母さんの作る食べ物感〟が凄い。「クリームシチューだよ〜、帰っておいで〜」感とでも言いましょうか。つまり、「女性を家庭に縛りつける食べ物」として、ある種のシンボリックな存在になっているのではないかと思うのでした。

現代の女性は、選択肢が増えた分、迷いの中にいます。ゆえに、男のマザコン性に紐付けられた商品を、なんとなくカチンと来る食べ物だと思っても仕方ないと思います。だから、クリームシチューをリクエストすると、「はぁ？　私はあんたのお母さんじゃありませんけど！」てな感じで防衛本能が作動してしまうのかも。男性のみなさんも、そこらへんを注意してリクエストを。否、これからはクリームシチューは男性が作ればいいのだと思いました。いかがか？

ちなみに、女性がビーフシチューを好む理由を聞くと「ビーフシチューはなんか贅沢な感じがするから」と。男性のみなさん、女性を「外食」に連れ出しましょう！

［2015年12月5日号］

袋麺

インスタント麺について。いわゆる〝袋麺〟なんですが、皆さんどんなものをいただいてますか？　すごく興味があります。なんか人ん家を覗き込んでる気分。袋麺は「我が家のスタンダード」に入り込んだ物です。非日常ではなくて、日常にこびりついてる。つまり〝習慣化〟されたものです。

先日こんなことがありました。後輩と袋麺の話をしていた時のこと。「マルちゃんのカレーうどん、あれは美味いな？」「え、なんですか？　それ？」「え、おまえマルちゃんのあのカレーうどん知らないの？」と、このような会話になったのですが。改めて、袋麺に潜む習慣性にびっくりしてしまいました。だって、うちにはあのカレーうどんが当たり前でも、他所ではそうではなく、それどころか存在すら知らないのですから。ちなみに、その後輩は東京に実家暮らししている三十過ぎのボンクラ野郎です。ゆえに、袋麺に関しては極めて受け身。親の買ってくる袋麺を、幼き頃からなんの疑問も持たず食べる「受動麺」。でも彼のような呑気な人間のサンプルがあったことでハッキリしました。それは「一人暮らしは袋麺に対して冒険している」というものです。

別の人にも色々と話を聞いてみたところ、実家暮らしは袋麺に関して無意識的で、一人暮らし経験者は意識的です。一人暮らし経験者は袋麺に対して、一度は攻めてみたことがあるということ。〝俺なりの袋麺〟に向き合うのです。

スーパーなどで売られている5袋ワンパックのやつは、サッポロ一番、チキンラーメン、出前一丁あたりの数が一番多い。そこにニューカマーのマルちゃん正麺と、ラ王あたりが食い込んできています。一人暮らしは行き当たりばったりに、行きずりの恋に落ちながら〝真の嫁〟となる存在の袋麺を探す旅の途中なので、新しいところにチャレンジしますが、所帯を持ってる側はチャレンジする意味合いとは違った観点で袋麺を手に取ります。一種の催眠状態と言っていいと思いますが、生活に染み込んだ行為なので、選んでるのではなく、自動的に選ばされてる。袋麺の定番の上位が何十年も変わらないのは、そういう理由からなのです。「一度決めたことは動かさない」というルーティンが出来るのは、思考しなくて済むのが楽だからです。

後輩に「おまえの家では何が定番なんだ?」と聞いたら「チャルメラです」と。で、僕が「マルちゃんのカレーうどんも食べろよ」と言うと「あ、はい……食べてみますが……」なんだか不安げです。どうやら面倒くさいみたい。習慣を変えるっていうのは、「面倒臭い」を越えなければいけないという好例じゃないでしょうか。この国は根本的には何も変わらないんだろうなと、軽いめまいもしますが、真実なんでしょう。そこに入り込んでいる食べ物が袋麺なんです。

なんかこれってラジオに似ています。ラジオはつけたら他の局に変えたりすることがあまりありませんから。ちなみに、僕は相変わらず「嫁ラーメン」が決まらず、いろんな物を食べています。もちろん、定番に対する郷愁はあるので〝帰る場所〟は確保してですけど。最近ではチャルメラのチャンポン、いいですね〜あれ。でも、嫁にはならないかな〜。

［2015年10月24日号］

アイスクリームが一番美味い

食べ物でいちばん美味いものはアイスクリームです。キョトンとされたことでしょう。やがて「何を言っているのか？」と、だんだん腹が立ってきている人もいるかもしれません。でも、食べ物でいちばん美味いのはアイスクリームだと思うのです。どうしてか？それは、子供でも解る味だからです。あえて「一番美味い」と階級をつけて言ってみましたが、補足すれば、一番理解し易い味がアイスクリームということだと思っていただきたい。僕は「理解」というものが、〝味わう〟という知覚には在るという説を言いたいのです。例えば、ミョウガの味は子供にはわかりません。ところが今は夏場になると食べたくてしょうがなくなる。ミョウガを食べる度に「ああ、大人になってよかった」と感嘆します。そして、同じ舌で最後にはアイスクリームを食べる、そして「ああ、美味い」と言う。この振れ幅は、子供はなかなか持ち得ません。

子育てをしていると「味覚」について、考えさせられます。赤ん坊は飽きもせず、せっせとミルクを飲み続け、やがて離乳食も食べ始める。初めて離乳食を口にした瞬間の赤ん坊の戸惑いの表情は堪らないものがあります。「初」はなんでも良いものです。戸惑いの後にトキメキのようなものが起こり、「もっともっと」となったらこっちのものです。どんどんいろんな味を覚えさせていく。人為的に「食欲」を操作しながら、同時に味覚も開発していく。

と、そんな中、子供が苦手なのが「苦味」です。これは教えなくてもイヤがりますし、逆に、教えなくてもすぐに反応するのが「甘味」です。「苦味＝美味しい」という理解は、大分後にもたらされるもので、いきなりは無理なのです。それは子供が抽象概念を理解出来ないのと同じです。料理も概念です。で、食は文化です。「夏場になると～」という文脈を入れて、季節感の情報を介してようやく「ミョウガ美味い！」になるわけで、体験や教育が無ければ「苦味」という知覚は「美味さ」に変換されないのだと思っています。

子供は舌が大人ほど馬鹿になっていません。敏感です。真っ新な舌でせいぜい理解出来るのは「甘さ」だけ。大人になれば、痛みと同等の「辛さ」だって美味いってことに変換出来るんです。痛みは気持ちいいんです！……失敬。辛味や、苦味は、毒などの危険物を察知するために、経験を積んだ後、体得出来るように後回しにされたプログラムなのかもしれません。苦味をありがたいと思うかは、おそらくローカリズムです。医食同源という思想が無ければ、その理屈は通用しません。アメリカ人なら、食事で苦味を摂取せず、薬やサプリで済ますことでしょう。その点アイスクリームはグローバリズム的です。アイスクリームとディズニーランドは親和性が高い。誰でも楽しめるからです。しかも勉強はいらない。

僕は、ディズニーランドも好きですけど、落語も好きです。落語は、日本語はもちろん、日本人の美学がコードで入ってないとなかなか楽しめない。でも、そんな敷居の高いものも自分の人生には欲しいんですね。自分の「味覚人生」に、ミョウガが美味いという感覚が入ってきたことは本当にありがたい。ゆえに、大人になってよかったと思う今日この頃です。

［２０１５年８月15日号］

9
越境の現在地

ニュー家族ネタ

これまで割と家族のことをネタにしてきたタイプです。

『アナーキー・イン・ザ・子供かわいい　〝父親に成る〟ということ』（アスペクト）というエッセイ集も出しているし、テレビやラジオで家族ネタを喋るなんてのは当たり前のこと。一度など「年頃の娘に父親からコンドームを持たせるか否か」ということを、TBSラジオの『ジェーン・スー 生活は踊る』に相談して大顰蹙《ひんしゅく》を買ったこともある。そしてつい先頃、ついに自宅で家族と過ごす日々を追うドキュメンタリー番組にまで出てしまいました。NHKの『ストーリーズ「パパがうちにいる。」』という番組です。

芸能人になる前は、ちょいとミステリアスに「家族？　いませんけど」みたいな感じでいくイメージだったんですが、でも、デビューして4年目に結婚し、子供も生まれ、いとも容易くそのプランは崩れました。ネタが無い→無くてスベるぐらいなら使う、といった感じにポジションをコンバート。今でも覚えています、「あぁ……俺、家族を売るんだぁ」って。自分には節操なんかないんだと気づかされた瞬間です。

たぶん、僕がお笑いや音楽を始めたあたりまではまだ「遊びは芸の肥やし」じゃないけど、「よく遊べ、よく歌え」「無茶＝伝説」「犠牲者、やむ無し」みたいなことは芸能者として尊ばれていた雰囲気がありました。また、僕の生育環境としても、当時はオフィス北野という、ビートたけしさんの事務所に在籍していましたから、本当は時代が変化していたとは思うんですが、若干世間との時差があったのではないかと推察します。

①よく歌うために→家に帰らない　②せっせと伝説作り→子育て放棄　③色香のために→浮気、妻泣かすこういうことに憧れがなかったと言えば嘘になりますが、早々に「あ、向いてないわ」と悟ってしまったところはあります。全てネタに変換するには、自分にはリスクがあり過ぎると。それに売れていませんでしたから、それで①②③を全てやっていたらかなりの異常者。恥ずかしいので「破天荒路線とはお別れしなくちゃな……」と若干後ろ髪を引かれながらですが、その道は諦めました。

しかし、いつ頃からかネタは「外で作るもの」から「内に在るもの」に変化、気づいたら20年前だったら考えられないほど、辺りは家族ネタだらけの世の中になっていました。やはりSNSの普及が大きく影響したのだと思います。またそれにより、芸能人と一般人との文化・階級格差も無くなり、一気に「恥」の障壁も下がった感じ。「うちのおばあちゃんがファンキーな件」だの、「また食べながら寝とる♥」だの、「いつまでも一緒に踊るパパでいてね★」だの、やけにキラキラした自己表現たちが、芸能層も一般層も関係なく跋扈《ばっこ》し出しました。

僕はこれでも苦悩を抱えた〝家族ネタ世代〟です。「若・貴家族、皇室に比べれば俺なんて！」と間違った鼓舞の仕方で自分を奮い立たせ、家族ネタという博打に打って出ましたし、前段ではトボけた書き方はしましたが、確実に「ついに渡ってしまった……」という葛藤もそこにはあったんです。

ところがどうでしょう、最近のニュー家族ネタ世代は、なんの恥じらいも抵抗も無く易々と家族を売ります。僕が「自分、節操なし」とハードボイルドに思ったその行間に、どれほどの思いが隠されているか彼らは知る由もないのです。僕が忸怩《じくじ》たる思いでいるその横を軽やかに、つるの剛士家族や、エハラマサヒロ家族が通り過ぎていきます。

時代は変わりました。不平不満、怒り、ヤキモチなど負の感情は、まるでブレーキの無い車を幼児が乗り回すかのごとく。同時に、赤外線が張り巡らされている中でルパン三世が宝物を奪うぐらい神経を使ってコミュニケーションをしなければならないのがネット社会です。一体どうしろというのか。大航海時代ならぬ、〝大表現時代〟は、実はディストピアであり、故に「ゆるい」「適度」「緊張しない」という〝無難〟が娯楽として採用されるのでした。扱い方にもよりますが、家族ネタがその条件を満たすのもわからなくはない。

最後に、家族ネタ界も極まったなと思ったことを一つ。

件の我が家のドキュメントは、コロナ禍のステイホーム期間中、三日間にわたりロケを行ったものでした。ディレクターは不在、自宅に計8台のカメラを設置、そのまま普段の家族の行状をただただ覗き見的に映し出すというもの。しかも仕上がりにはナレーションも付けないらしい。

正直不安でした。ディレクターが不在ということは、叱る人がいないということです。

まず、撮影がスタートすると、いつもよりきちんとした身なりの妻がいました。普段に比べて怒らないし。あと、長女が妙に物分かりがいい。次女に関しては、思春期の真っ只中なので、普段は、笑ったり、泣いたり、色々と面倒臭いのだけれど、失態を見せまいとしてか、異常なまでに普通。一番下の五歳の双子だけです、ちゃんと天然の生き物だったのは。でも単にカワイイだけじゃないか。

「これでは面白くない」。だってそうでしょう。普通こういう家族ものなら、妻が性懲りも無く妊娠したり、と思ったら長女もおめでたでダブルパンチ、次女は家出中で、貧しさから五歳の双子がバイトを始めたりして、しっちゃかめっちゃかになっていないといけない。何もそこまでいかなくても、せめて家がボヤぐらいにならないと使いものにならない。と言っても、変に事件を起こすわけにもいかず、粛々と毎日を過ごしました。しかも、かしこまって、です。

で、オンエア。もちろんコロナ禍故の「普通に対する希求」があったとは思いますが、その何も起こらない〝普通の生活〟は、思いの外、評判になったのでした。

映像の中で娘が言います。「普段いるパパが、朝いて、昼いて、夜いるって感じだよね……」。普通じゃない家族の、普通じゃないやり取りというモードはもう古いのかも知れません。これからは産直の、ありのまま風の家族ネタの時代です。さぁ、この方向で売るぞ、家族を！

辺境の民

『東京ポッド許可局』（ＴＢＳラジオ）というラジオをやっています。

この番組は、もともとポッドキャストから始まりました。２００８年、当時のマキタ家の居間にＩＣレコーダーを持ち込み、録音したところからスタートし、後にＴＢＳラジオに引き上げていただくことになり、丸７年を迎えています。

出演は僕一人ではなく、プチ鹿島（時事ネタが得意）、サンキュータツオ（学者業と寄席芸人の二足のわらじ）という相方が二人おり、その三人で毎週ワイワイと喋る感じ。ウィキペディアによると、〈2008年に「屁理屈をエンターテイメントに！」を目標として毎週更新するポッドキャスト番組の自主制作を始め、2011年に2000人を収容する日比谷公会堂を満席にしてポッドキャスト登録者数が30万人を超えた〉となっています。これを見て「え!? そんなに凄いの!?」と思うか、「へぇ〜」と思うかは反応が分かれるところです。とはいえ、コロナ以前は、年に数回行うライブイベント、東名阪ツアーの全てが即完しているので、特定少数のお客さんには熱狂的に支持されているということだけは理解してもらえたらと思います。

番組のメインは「○○論」という、いかにも評論っぽいスタイルのもの。世相を斬ってみたり、世間にあるモヤモヤしたまだ名前の付いていない現象に名前を付けたり、おかずの日本代表を決めたり、いろんなことを硬軟織り交ぜ話します。リスナーは「局員」といって、全世界にいます（ポッドキャストは相変わらず配信しているので海外の邦人局員は実際多い）。特にデザイナー、漫画家、イラストレーター、編集者など、在宅勤務及びデスクワーカーが多く聴いていて、意外なところでは、理系の学問に従事している方も聴いているので、文系・理系の両方にバランス良く愛聴されているようです。年齢層は稀に10代もいますが、ほとんどが30〜50代。男女比もこの頃は女性が増えて4：6で女性が多いようです。また彼らのほとんどが〝サイレントリスナー〟という、普段局員であることを口外しないのも特徴。出版・放送関係者にもファンが多くいることはわかっているんですが、なかなか僕らの前でそれを言わない。本番前にピンマイクを付けに来るタイミングでこっそり「局員です……」と小声で言って去っていく音声スタッフ、打ち上げの席でようやく「ポッドキャスト時代から聴いてます！」という作家やディレクター（外注系）多数。あと、ＮＨＫの人はプロデューサークラスでもよく聴いてます。民放の〝胸はだけシャツ、日焼けいい匂い系プロデューサー〟はまず聴いてませんね。

今日、売りの一つだった評論スタイルも大分形骸化し、出演者三人それぞれのキャラ認知が定まった中で、いたずらに言葉遊びに興じる場面も多々あります。が、しかし、ポッドキャスト時代はふざけたフリして実は結構マジに論評をしていました。特に評判だったのは「Ｍ‐１論」。賞レースで起こっていることを、本来は当事者であるはずの三人のお笑い芸人が語るというもの。

ただ、風当たりは強かった。当時「お笑い芸人が内情を語る」ことはタブー視されていましたし、芸人の芸論は野暮でダサいという偏見がありましたから。しかも、お笑いがいよいよ競技化され、実力主義が徹底され始めた直後です。故に「結果も出してない奴がとやかく言うな」と、一蹴する向きも多かった。でも、勝算と言えばかっこいいですが、きっと支持してくれる人はいるだろうという期待はありました。何故なら今まで「内」で誰もやってなかったからです。これ「外」だったら意味がないんです。「内」だったから、新しかった。それと、タツオが日本語学者ということもあり、数値や実測データ（ボケ数計測）といった理系的分析を取り入れたり、印象批評を避け、「おかしい奴は最初からおかしい」とか「芸は盗むもんだ」とか、そういうロマン派的な言説からは距離を置いたんです。

目論見は当たったということでしょう、これにより飛躍的に人気が上がりました。今でこそ〝お笑い芸人がお笑いを論評する〝というコンテンツは、数字が見込めるものになりました。しかし当時と違うのは、本当に「M-1」他、賞レースで結果を出している人たちが喋り始めている点です。こうなったら我々が出る幕ではありません。これ以上を目指すなら、実際に賞レースで結果を出してから語るか、本当のお笑い評論家になるかの〝白か黒か問題〟に事が傾くのがオチです。今でもお笑いのことは語らないわけじゃありませんが、あの頃のスリリングな面白さは出せません。あの頃はお笑い芸人が評論すること自体が面白かったわけで、今の風潮とは意味が違う。人の触れてこなかった「ザワッと」する部分を最初に触るのが目的だったし、それは出来たということで、今はその役目を終えた思いです。

番組は独自の進化をし、今ではパーソナリティとリスナーの関係性が何にも取り替えの利かないものになってしまった感もあります。でもそれは特性を活かした末の変化なので、僕は成熟と見ています。

また、ビジネスという観点では、今ラジオ界は過渡期にあります。広告収入で賄っていた番組制作の在り方は、今後のマーケティングに応じて変化が出て来るでしょう。

で、この番組はどうか？『東京ポッド許可局』はＴＢＳラジオの枠を買っています。正確には、他の番組と違い、年に数回あるイベント、グッズの収益をＴＢＳに納めることで番組が続いていくという仕組みです。広告収入頼みじゃないのです。しかもマネジメントは、我々三人が所属する大手芸能事務所管轄ではないということ、（三人の作った合同会社とＴＢＳラジオとの契約）。そしてそのスキームを局員は理解して応援している。全ての課金は番組という場を存続させるためなんです。言わばクラウドファンドのようなものだし、ある種の税金ですね。我々の手元にギャラとして入ってくるお金は本当に少額です。許可局という公園を維持している管理おじさんって感じ（実際そういう制服着てるし）。
斯《か》くして、許可局という「独特」は作られるということ。だから結果的に他者に影響され難い。誰にも似ませんし、似させませんよ。

テレビが中心でラジオが辺境という階級的な図式も、もう意味を持たなくなりつつあります。在野という「よそ者」視点で中心に気づきを与えるというのも悪くないし、何より向いていると思います（結果この番組は、地上波のテレビ番組、雑誌、ＷＥＢコンテンツの〝草刈場〟とも言われています）。

あ、そうそう。岡村隆史さんがラジオで「コロナで仕事を失った美人の女性が風俗嬢になります」というようなことを発言して大問題になったことがありました。直後の感想としては「深夜ラジオなんてそんなもの」ぐらいの感じでした。が、世間は許さなかった。もう少し僕の感触を言えば。もし自分がリアルタイムで件の岡村さん発言を聴いたら「うっ！」とは思ったことでしょう。何故なら、なんかハブられた気がするから。道徳心からではありません。

岡村さんに限らず、ラジオパーソナリティはリスナーと自分を同一視しています。もちろん公共性は前提にはあるんですが、もっと深い深層心理で繋がってしまうんです。で、「むひひひ」と身内笑いへと誘い込むのですが、それが自分に合わない場合はままある。この件に関して言えば、僕は風俗には行かないし、岡村さんのラジオを普段聴いてませんから、通りすがりだとこうなる。しかし、自分とは違う人たちがいて、その別の人たちが密やかに楽しんでいることを邪魔するつもりはない。自分が出来ることはそっとラジオのチャンネルを変えるだけです。

今までの深夜ラジオは大体においてそういうものでした。それは一度も入ったことのないスナックに入るようなものです。

スナックは広い意味で「田舎」だと思っています。実際の故郷とは違う、現代の、都市化され、均質化、合理化されきった世間からひと時だけでも切り離されたい人たちが集う〝メンタル田舎〟。「閉鎖的」も「排他的」も「同調圧力」も、建前では嫌われていますが、人間にはそういう欲望はあるものです。今だったら同種族をオンラインサロンで囲い込み、すぐ金に変えてしまいますが、ラジオはその点緩くていいですね。しかも退会が超簡単。退会ボタンがどこだかわからないとか、そんな卑しさもない。そんな近くて遠い場所に自分と違う「よその人」がいるんです。

文化人類学では、どこかの未開部族も文明人も「等価」に存在していると考えるそうです。多様性を唱えるのならラジオを聴けと思いますね。そこには『東京ポッド許可局』という辺境の民がいて、ゴキゲンに喋っていますよ。

俳優の仕事の価値と「樹木希林」

死しても尚、絶大な人気の樹木希林さん。死後発売された本も軒並みベストセラー。鬼籍に入られたら神様扱いです。まるで偉いお坊さんかってぐらい。

慎ましい暮らしを心がけ、家庭を顧みない夫を支え、女手一つで子供を育て上げ、仕事で確かな地歩を築き上げた……鼻白むほどの美談ですが、本当のことです。そんな常人ならざることを、孤独に耐え、やってのけたから彼女には凄みがあったというのが大方の見方だと思います。でもそれは結果論。僕の見立ては少し違います。樹木希林が何故優れて個性的で、凄みがあり、俳優として成功したのか？

それは〝不動産王〟だったからです。

こんな不確かなエンターテインメントの世界において、希林さんがどうやってご自身の商品価値を誰からも邪魔されずに作り上げることが出来たのか。

「家賃があれば楽していけるのか！」と早合点しないでいただきたい。財テクの一つとしてアパート経営をすることぐらいコウメ太夫でもやっています。本業じゃないところで収入の助けになることは彼も告白するところですが、同時にその大変さも語っていて、「家賃商売も決して楽ではない」とため息混じりです。

では コウメ太夫さんと、樹木希林さんとでは何が違うのか。

希林さんが不動産王だったことは業界では有名な話。単に不動産投資が趣味だったってこともあったと思うけれど、僕の見立てでは、不動産と自分の役者としての商品価値とを重ねて考えていたんじゃないか、ということ。

ここ数年の俳優活動を通して得た自分の実感ですが、芸能界の中で「俳優」ほど危うい立場の仕事もありません。

俳優業を二つに分けてみます。まず舞台を主戦場とする「舞台俳優」、そして撮影ものを中心に活動する「映像系俳優」がいます。比べると、仕事の実感度は舞台俳優の方が圧倒的に上です。もちろん「映像にだって実感あるわい！」という俳優もいます。でも、これはあくまで構造の話。実感度というのは、言ってみれば〝世界は俺が動かしている感〟と言い換えてもいいでしょう。舞台はそのシステム上、幕が開いたら俳優のものです。「編集」など加工を加えることは出来ない。

他にも〝演ずる〟ということで言えば、同じ板付きの芸能なら「芸人」、自分で音楽を作り、表現したり、レーベルを運営したりする「ミュージシャン」などもいますが、多くは自作自演です。世界と直接的にコミットしてる感が映像系俳優より多いことはわかりますよね。自分でコントロール出来る範囲が広い。

映像系俳優というのは、自分で価値を生み、それをコントロールしている実感が得辛い仕事です。ましてや、希林さんは主演人生じゃなく脇役人生だったわけです。自分もやってみたからわかりますが、脇役はスケジュールの切り売り感が半端ない。

撮影の現場というのは基本的に、納品、公開の日程、全体の予算、主演のスケジュール（主演は2～3年先のスケジュールが決まっているので）等が組まれるところから始まります。で、脇役はその組まれたスケジュールに適合するかしないかでふるいにかけられる。

オーダーが「老け役」とすると、それに合いそうな俳優を数人ピックアップ。そして、プロデューサーやら、スケジューラーやらが、その老け役候補のA・B・C・Dに声をかけアタリをつける。しかし、それらの候補者はみんな縫うように仕事をしています。何故ならそうじゃないと食えないから。で、その虫食い状態になっているスケジュールと、撮影隊の出している全体のスケジュールとを合わせて、誰が一番この仕事に対して献身的なスケジュールを提出出来るかが見所。結果、それがBさんだった場合、本音はAさんをキャスティングしたかったという裏があっても、その老け役はBさんになるのです。

脇役は一仕事あたりの単価で見れば、主演の5分の1、あるいは10分の1以下。余談ですが、ある主演クラスの俳優から聞いた話、俳優業のみの収入で1億円プレイヤーは一握りもいないとのこと。だから皆CMに精を出すそうです。主演がそうならば、脇役など何をか言わんや、薄利多売方式で回転数を上げて商売するしかない。経済効率のみにフォーカスすれば、「この脚本が素晴らしいから」とか「その監督の作品が好きだから」とか言ってられないのです。つまり、スケジュール上は非正規社員的だし、派遣労働者。世界を自分で動かしてる感じがしないのは、まず根本的に構造的プロレタリアートだから。決してブルジョワじゃない。替わりはいくらでもいるってやつです。

で、決まった仕事だからと、今度は現場に行くとまた別の問題が生じます。それは何か？　撮影の現場において俳優は映像に必要な部品の提供者であり、演技を納品する外注さんであるという身も蓋もない現実。じゃ誰がその世界を動かしてるかといえば、撮影をしてる監督だったり、カメラマンだったり、現場の花形はあくまでそっちなのです。小栗旬だろうが誰だろうが〝画の中の人〟だし、カメラマンがカメラを回さなかったら役者もクソもないのです。

以上が、構造上の問題。下請けの工員感が凄いということだけはお分かりいただけたのではないでしょうか。

ここから先は、完全に僕の妄想。

そこで希林さんは考えたのではないか。「自分有利で仕事するためには？」と。

希林さんは個人事務所でした。故に、自分の商品性を安売りすることにすごく敏感だったはずです。俳優業において「安売り」とは「時間」のことです。肉体をズタズタにされるように、あるいは、売れっ子芸人に多目的トイレで簡単にエッチされるように、自分の時間を切り売りするわけにはいかないのです。「あいつ〝時間ヤリ〇ン〟なんだぜ」と思わせたら価値が保てません。

希林さんは「断る」という表明を潔くする人として有名でした。もちろん俳優としての実力に裏打ちされてのことと思われますが。そもそも実力査定の基準が曖昧な俳優界で、どこに自分のプレゼンス（格）を備えることが出来るのでしょう？　希林さんの場合、おそらくご自身の「甲斐性力」に焦点を絞ったのでは、と思うのです。そうすることで「選ばれる」ではなく「選ぶ」という主体を手にするという。これって自分の動産価値を高めようってことです。

発注する側は、ドライな言い方をすれば取引相手。その相手と己の価値をやり取りする。たださえ、日本のマネージメント会社は、役者の動産的価値に気づかせないで仕事をさせるのが伝統です。そんな置き屋に身を預けることなく、自分で自分の時間を決裁する方を選んだ希林さん。きっと不動産投資で培ったロールモデルを基に、自分の芸能価値をシミュレーションしていたに違いありません。

自分を使ってみたいと思わせるためには業界にぶら下がらないのが一番、そう思うぐらいだったら誰でも出来る。でも自分の価値と不動産価値を重ねてマネージメントする器量があった人は、樹木希林以外いなかったでしょう。千昌夫は途中から本当の不動産屋となって失敗しました。

あの一等地のマンションに住みたいとは誰もが思うけれど、同じように「あの役が欲しい」と思っても、それに相応しい価値が無かったら永遠にそのお鉢は回ってこない。希林さんの場合、一等地のマンションが欲しいというより、自分のいる場所を〝一等地に見える〟ようにしたことが凄かった。いっそ希林さんブランドを宗教法人化して、彼女の住んでいた都内一等地の邸宅を寺にしちゃう。名前は希林寺なんてのも覚えやすい。拝観料が取れるかもしれませんね。

記憶の翼

人には「翼」があることを知っていますか？　特に僕みたいな歳になると、生えた翼をバッサバッサと羽ばたかせ、飛んで飛んで飛びまくってます。ただし、きっかけはあります。例えばこう。生活のなかでふと目の端に見かけた「１９８８」という数列、すると途端に翼が生える……「ソウルオリンピック……ベン・ジョンソンの違法おしっこ……ギャッビーのムスク、テレビに映る三上博史、明大前のアパート、エレファントカシマシのデーデ……」といった具合に、飛ぶ飛ぶ。そうです。人が誰でも持っている翼とは「記憶の翼」なのでした。

ふいに与えられた言葉や曲、匂いで喚起される記憶。目の前のことはさておき、思わず「ぽーっ」と思い出に浸ってしまう。日常の溝に入り込んでしまったような、そんな経験ありませんか？　特に「おじさん」になると、この頻度が高くなりがちです。しかも、それはいつも突然にやってくる。

ともすれば、後ろ向きでネガティブな行為に見える「記憶に浸る」という行為だけれど、時代のニーズは大分「ノスタルジー」へと傾いていると思うのです。その理由としては……①高齢化社会　②ネットの時代によりビッグデータに統制され、「記憶」が〝外付け〟になりすぎている　③「日本の老化」とビジネス　④1日の情報接点の多さ　⑤ｗｉｔｈコロナ、といったところでしょうか。

まず①は、併せて少子化も含んでいるということ。命の価値が相対的に高まれば〝個人の記憶の価値〟も高まる。産めよ増やせよの時代とは違い、明らかに人々のオンリーワン感は強まっています。そして、思い出は平等。

②は、ビデオ・スマホの動画などで記憶の外付けが出来るようになり、代わりに脳のメモリーには無頓着になっています。しかも、ちょっとしたことは全て検索で賄える。でも、個人の体験史は自分の中にしかないのです。それをどう呼び覚ますか。

③は、例えば、'60年代の東京五輪が日本の青年期だとしたら、今度のそれは、かつての成功にすがろうとし、老いた日本が無理やり五輪で「日本の思い出」を作ろうとしたということ。でも時代の要請はマス（画一）より、ミニ（個別）です。①の話を踏まえればビジネスチャンスは有りです。

④は結構深刻な問題。情報に触れる場が増えているだけで、実はきちんと咀嚼《そしゃく》までは出来ていないのが現代人です。「思索」や「内省」が減り、暇を奪われていることに気づいていない。

⑤は、ライブハウス、イベントの機会が減ってしまったので思い出に投資が出来なくなってしまっているという現状ですから、その反動はあるでしょう。

おじさんになると新しいことは覚えられないのに、昔のことはやたら鮮明に覚えています。その鮮明さは「4K」。一瞬にしてタイムスリップし、うなされたように喋り出すなんてこともちょいちょい。実際に、旅行をするとなると、時間も、お金も、体力も使いますが、この「記憶旅行」は手軽に旅立てるのです。

僕が思うに、記憶を呼び起こすのに重要なのは、「歴史的事象」「気候」「旬だった名前」「匂い」「曲」この5つです。そして、これらの〝記憶スイッチ〟を押し、フラッシュバックメモリーのきっかけを作れば良い。人によっては記憶スイッチ3つだけで飛べる人もいるはず。「夕暮れ」(シチェーション)、「ここでキスして。」(曲)、「キンモクセイの香り」(匂い)。飛んでる最中はさぞや〝いい顔〟になっていることでしょう。

ということで、ここからは提案。

アナログな『詩手帖』はどうか。こういったキーワードが載っている詩手帖があれば、ふとした時に開き、手軽に飛ぶことが出来ます。ランチタイムの終わりに開く。軽く飛んでから午後の仕事に戻るなんて、良い気分転換になりそうです。

・『'80年~'85年が青春期』の方用
・『'86年~'90年が青春期』の方用

などと、年代別に分けておけば、さらに飛びやすいと思います。

あるいは、『カードゲーム』もいい。気候、曲名、出来事などのカテゴリーのカードがあり、それをめくっていく。一人で楽しんでも、数人で楽しむこともできます。こちらも年代で分け、参加するのは同年代の方が良いでしょう。飛んだ人から「UNO!」のように「飛んだ!」と自己申告。その記憶を語っていきます。「もう飛んだの？　まだ2枚しか出てないよ！」「全然、話まとまってないけど、熱く話すお前が面白いわ！」という会話も。ただ、本当に飛んだ時は、ぽーっとしてるので「飛んだ！」とは言えない可能性もあります。

さらに、『アプリ』はどうか。自分の年齢を入れて、【スタート】ボタンを押します。カテゴリーにおけるキーワードが出て来て、記憶を呼び起こします。そして【飛べた】か【飛べない】をタップ。【飛べない】をタップすると次のキーワードが出てきます。それを繰り返し、飛べたタイミングで【飛べた】をタップ。するとその当時の代表曲が流れる、なんて仕掛けも。プレイリストの発展版としての機能でしょうか。

『クロスワードパズル』も良いかも知れません。クロスワードを解いていきながらワード一つ一つが記憶喚起の言葉になっており、最終的にどんな言葉が出来るかは問題ではないクロスワードパズルです。

様々な懐かしいアイテム、記憶を副産物的に蘇らせるものは今までもあったと思います。ただ、それらは懐かしむ対象であっても、あの時代に「飛ぶ」ということを目的にはしていません。

〝記憶欲〟は〝記憶翼〟なり。

人は不可逆的な時間を生きる〝記憶のバケモノ〟です。そして「ノスタルジー」は昔も今も脳みその甘味料。こんな世知辛い世間から一瞬遠のきたい時のテクニックとして、どうでしょうね？　誰か開発に協力してもらえませんかね？

アーバン

「アーバン」あるいは「アーバンポップ」について。

「シティポップ」と言われる日本の音楽群が世界的に評価されています。僕も自分の番組『ザ・カセットテープ・ミュージック』（BS12トゥエルビ）などで、昨今の流れとは一線を画す視点を以て、これを取り上げてきています。中心的存在であった、はっぴいえんど、シュガーベイブ、キャラメル・ママ、荒井由実らの技術論的評価はもちろんですが、それよりも、それらの音楽が文化的に担っていた面を明らかにすることもポイント。

簡単に言ってしまえば、昨今のシティポップの元にあったものは「東京出身者（しかもアッパーな）と、その仲間たちによる文化運動」だったということ。豊かな才能と、文化資本を背骨にした〝山手線の内側〟にある中華思想で、日本のポップス事情を啓発しようとしていました。がしかし、結局セールス面ではうまくいかず、彼らは自らの才能を、既存の音楽と（ビジネスモデル含め）混ぜ合わせることでこれを凌いだ。日本には日本の「土着」があります。どうしようもなく存在するその〝のど自慢センス〟と、それらがどう融合してきたかが僕の興味。例えば、松本隆や細野晴臣が松田聖子にどう「シティ」を埋め込んだかなどが関心事でした。

そして、現段階での結論を報告しましょう。

日本において「シティポップ」は無かった……。これが「シティポップ」の前線事情です。さぞ驚いたことでしょう。あるいは……「知らんがな」かもしれません。でも、そうなんです。昨今言われる「シティポップ」というのは、日本には実は存在しておらず、一部を除いてほぼ「アーバン」だったのではないか？という説が現在有力なものとなっています（もちろん自説です）。

【アーバン】は〝都会的〟という意味です。一方【シティ】は〝都市〟。この二つは大分違います。デッドストック化した音楽を何でもかんでも「シティポップ」と言うのには無理がある。そのほとんどは実は〝アーバンポップ〟だったのです。

と、そんな矢先に海の向こうで「リパブリック声明」が起こりました（レコード・レーベル「リパブリック」が公式SNSで「音楽用語としての『アーバン（Urban）』を当社では今後一切使用しない」と発表）。これは当世アメリカの差別事情を踏まえたステイトメント。階層で言えば、日本においては「中流」が全体に行き渡っていますから、当該日本アーバン事情とそれとを一緒くたに考えてはいけないと考えます。

本題に戻します。僕は、山下達郎、竹内まりやがなぜシティなのか？　という問いが、いかにも高尚な音楽史としてだけ語られていくことにつまらなさを覚えます。そんなジャンルに括らずとも、早晩彼らの音楽は発見されたはずです。それだけ〝強い個体〟ですから。

新小岩辺りのスナックで、果たしてブレッド&バターや小坂忠は歌えるだろうか？　歌えなくもない、が、それより稲垣潤一、杉山清貴でしょう。あるいは、山梨辺りの峠のラブホテル、備え付けのカラオケでカップルが大貫妙子を歌えるだろうか。それなら大橋純子の方がまだ良い。つまり僕が思う「アーバン」とはそういうこと。そして、シティより「アーバン」が僕にはどうにも愛おしいのでした。

「ワーゲンバスvs'86トヨタソアラ」「ボタンダウンシャツvsサテン地の開襟シャツ」「雪見だいふくvsハー

ゲンダッツ」「禁煙パイポのCMvsパルコのCM」「原宿vs裏原」「サッポロ一番みそラーメンvs有名店コラボ系ラーメン」

さぁ、どちらがシティで、どちらがアーバンでしょう。髪型、ブランド、飲み物エトセトラ。他にもこの遊びはたくさん出来ると思います。

「シティ」はモノ的な価値観を含んでおり、『手作り』や『少量限定』『顔の見える商売』という〝温かみ〟が成分中にある概念と思われます。一方の「アーバン」は、『効率重視』『大量生産』的で、〝多くの人が満足する〟ことを目的としたものに付与したイメージがあります。教養的で、エリート主義、知的で、敷居が高く排他的なところがシティの悪い点。一方、学習不要で、衆愚的、誰でも出入り自由なのがアーバンの良い点であり、そのまま悪い点に繋がる。

「シティ」は町という単位が基礎にあり、そこには人々の「生活」というリアルが存在している。ところが「アーバン」は〝都会的な〟という実存性が希薄なイメージ。例えば、原宿に生まれて神宮前小学校に通っていた妙円寺の倅《せがれ》なら「シティ」だが、『裏原』というトレンドイメージは実体性が乏しいので「アーバン」じゃないかと。

「シティポップ」には、もともと西欧側から見た「秘境発見」という視点があります。それによりシティポップの再評価が決定づけられたわけですが、〝山下達郎の発見〟などは、町工場の親父が作る半導体チップの技術を、NASAが買い付けるような〝お伽話〟。そういう下町ロケット的なロマンの裏には、実は差別的意味合いも含まれています。そして、そのロマンを逆輸入するような国内での捻れた評価。

しかし、インターネット時代の昨今の音楽流行は、かつての相場感とは速度も質も大分違うものになってきています。グローバル化の中で発見された良質の音楽は、初期の「意地悪な視点」が急速に剥奪され、「良いものは良い」というところに落ちつくのも早い。これは、発見→再評価→資源化という流れを生んで良い動きだと思う。そもそも21世紀的なアートは「発見→再評価」がベースであり、その中でリソースをどうやって新作品にしていくかが問題なのです。

地球上に開拓されていない資源豊富な土壌は無くなっても、芸術系にはまだあるといったところか。山下達郎が作っている音楽は、「普遍的」というポリシーが設計図に埋め込まれています。そのユニバーサル力が海外での評価につながるのはわかる。竹内まりやにしてもそうですが、歌詞の英語発音を見ればそのことに対する意識がむんむんと見てとれます。野球で云えば、清原じゃメジャーには通用しないけど、イチローは通用する、とかそういう類のものだと思います。他のシティポップとは哲学が違うんです。

他方「アーバン」は国内のみで流通することが至上命題だったものが多く、普遍に対する意識は低かったように思う。しかし、これがグローバル時代に「神秘の秘境」として発見される可能性はある。'90年代、韓国の「ポンチャック」は〝土着テクノ〟として半笑いで消費されました。当の韓国人も見つかることに抵抗したけれど、それが彼の国の芸術的土壌で在るのも事実でしょう。李博士の延長線上にBTSは在るのであり、それは文化としてとても豊かなことです。日本も国策事業としてバックアップし、在庫化している大量のアーバンを輸出してみても面白いかもしれません。そういう〝奇形化したグローカル〟が、この時代にどう評価されるかが見ものです。日本も、アルフィーや宝塚が見つかって初めてクールジャパンなのではないでしょうか。

時代とともにダブつき、過剰在庫化していく「アーバン」を、僕はこの先も見守っていきたい。

空腹の境目

空腹の境目ってわかりますか？

僕は歳の割に食い意地が張っているタイプ。

〝食い意地道〟を極めて行くと、ある境地にたどり着きます。それは何か？「いかに腹を満たすか」よりも「いかに腹を減らすか」が重要という気づきです。

好きな人とは結ばれたらおしまいです。結ばれない間が一番エモい。酒飲みの人も言ってますが、いかにコンスタントにうまい酒を飲むかを考えて生活設計をする。曰く、そのために断酒をし、運動をし、健康の維持は全て酒のため、とストイックに生きる。感覚的にはそれと同じです。そんな僕が今、最もこだわっているのが「空腹の境目」。

本題へ行く前に、僕の食欲について「朝食バイキング」でこれを紹介しましょう。

50歳の僕が、この先70歳まで生きたとして、食べられる食事の回数は２１９００回。朝食に限定すれば７３００回です。これを皆さんは「たった」と思いますか？　それとも「まだ」と思うでしょうか？　僕は完全に「たった21900回しかない！」「朝メシ、残り7300回なんて少なすぎる！」と思うタイプ。なので、一度のミスもしたくない。

で、朝食バイキング。あれは大変ミスを誘発しやすいイベントです。人は選択肢を得たことで、だいたいにおいて堕落します。自分にとって本当に大事なものを見失いたくなかったら、僕の忠告は聞いておいた方がいい。

一応確認しておきますが、「メシ」に対して「興味がない」という人はこの場合除外します。何故なら同じ人種の人間ではないから。彼らは言わば仙人。「食欲」という煩悩から解放されています。それに比べ、こちらは業の深い俗人。「いつご飯食べたっけ？」とか、あるいは「メシ食うの、めんどい」とか宣《のたま》う、食に対して低食圧の人は霞でも食べてろと言っておきましょう。

そんな僕のような、給食のおばさんならぬ、〝狂食のおじさん〟は、朝食バイキングの時に、全てのものをいただきたいというロマンを捨てるところから始めないといけません。好きな物を好きなように食べて良いということになると、その人のセンスが出てしまいます。食べきれないほど食材を取って、食べ散らかし、残してしまうなんて、そんな作り手に失礼なことはしたくない。ましてや「金出してんのはこっちだ！」なんて不遜な態度は以ての外。バイキングは自由です。即ち、バイキングは人生そのものです。

バイキングをだらしなくやり過ごすことも自由でしょう。でも人には人の「人生」というストーリーがあり、それを素晴らしいものにするために、身の回りの物、人間関係、仕事、恋人、日々要る要らないを取捨選択し、自分らしい生き方を模索、構築する。朝食バイキングはそれと同じなんです。

例えばどうでしょう、朝食バイキングの、〝卵料理多い問題〟。気になりませんか？　スクランブルエッグ、だし巻き卵、ゆで卵、温泉卵、油断をすると、もずく酢の中にもウズラの卵が!!　他にも魚卵系……カズノコ、明太子、場所によってはイクラなんてのもある。私は痛風じゃない自分をこれほど悔いたことはありません。痛風じゃないから悩まなきゃいけない。全部食べたい、しかし胃袋にはキャパシティがある……と、僕は、毎回朝食バイキングでこれぐらい悩み、葛藤します（で、卵だけでこれだけ悩み、「よし！」と決心した矢先、今度は「カレー」の誘惑が襲ってくるのはどうしたものか。本当に朝食バイキングってやつは……あぁ、楽しい）。

僕の狂食ぶりがわかってもらえたのではないでしょうか。

もう一度書きます。バイキングは自由です。バイキングは人生そのものです。だから欲望の省略をし、食事をマネジメントするのです。何故か？　それは……次の食事のためです。

さぁ本題。腹を満たし過ぎてしまうと次の食の楽しみが損なわれてしまいます。すると大事な食事を一回ミスしたことになる。「満腹」というものは食欲を終わらせてしまう悪手《あくしゅ》なのです。でも誰にでも満腹は来る。では、どうするか？

「腹が減るものを食べる」

これです。経験則から言うと「ご飯」より「パン」の方が腹が減りやすい。おかゆもいいでしょう。さらに言うと……「よく噛む」これも食い意地道には必要なことです。腹を満たすよりも〝脳みそを満たす〟こと。物理的に満たすよりも、脳に「食いたいものを食った」と錯覚させるんです。

腹が満たされることは「幸せ」でもありますが、不幸せの始まりでもあります。それ以上の到達点はないと、目標喪失に陥ったアスリートみたいなもの。暗闇のスランプ期です。

たぶん僕のような〝食べる史観〟でものを考えない人がほとんどだと思います。普通は食事をし、落ち着いたら、仕事なり、勉強なり、何か他のことを行い、その行いと行いの間に「食事」があるという考えでしょう。でも僕の場合は「食事」と「食事」の合間に「行い」がある。食事のために、空腹状態を作り、空腹状態を作るために行いをする。そういう人間には「満腹」が闇でしかない。仕方なくパソコンを広げ原稿を書いたりします。しばらくああだこうだと思案しながら書いている、と、突如としてやって来るんです。そう、あの「空腹」が。

それはまるで雨の境目、ここから前が満腹で、ここから後が空腹という境目。こうなったらスランプ期の脱出です。穴倉に閉じ込められた人が見る地上の光にも似た、あのワクワク感、達成感は堪らないものがあります。

境目フェチはいろんなカテゴリーに存在します。県境とか、橋とか。でも、多種多様なグルメというカテゴリーの中にあって、空腹の境目フェチはあまりいないのではないでしょうか。ビールを美味しく飲むために刑務所に一度入るような愚かな真似はしない方が良いですが、映画を面白く見るために、映画を見たくなるまで見ないとか、「境目」はそういうことにも使えますね。で、見たくなった時の自分をしっかり覚えておく。大事な映画がいっぱい出来そうです。ま、そのカテゴリーに愛がある前提ですが。

「食べる」なんてたかだか知れてる、これからのグルメは「空腹の境目」です。

キラキラ独立とアフターコロナ

「独立」について。

最近、芸能界ではビッグな人たちの独立が目立ちます。

〝キラキラネーム〟と似ている現象じゃないでしょうか。

キラキラネームの発生は、「文脈」からの解放と関連しています。文脈は、「歴史」や「伝統」と言い換えてもいい。かつて名前は、地縁、血縁から自由ではありませんでした。それが昨今は「自分の子供ぐらい自由に名付けるよ」と、自分の嗜好を反映していいものになった。

「オリジナルな生き方」。現代人にとって最高のテーマです。

人類には、制度的な階級に苦しめられてきた歴史がある。仏教の創始者、仏陀は、当時の逃れられない階級制度に対し、「いや、大丈夫、生まれ変わったら奴隷じゃないから」的なことを言ったといいます。その時代に「つーか、自分の生き方、自分で決めていいっしょ！」と宣うことの凄さはいかばかりか。故に仏陀さんは神様になりました。今でも「俺は俺だから」的な達観、悟りとしか思えない〝自由の発見〟をしている人がいますが、そういった「神様」があたかも多く生まれているのが現代でしょう。芸能界にもそういうカリスマはいます。

芸能人の独立ブームは、自分のキラキラ化宣言、言ってみれば〝キラキラ独立〟です。芸能界の因習、伝統、地縁、血縁という文脈からの逃避ということなのでした。

さて、見立てはここまでとして。これからの芸能人に必要なことを考えてみます。

①第二外国語の必須（英語はもちろん、中国語も）②見た目 ③外国人のお財布

どうでしょう、芸能界という超ドメスティックな分野でも求められる、このグローバルな条項。〝わかる人にはわかる〟なんて繊細なものが益々通じにくくなるということです。こうなると、非言語的で、万人が納得する芸質しか残りづらくなる。そうすることで、他所《よそ》の国の人のお財布の紐を緩めさせないとビジネスにはならない。

昨今の独立の背景にあるのは、単に、栄枯盛衰の〝代替わり〟です。義理、人情の清算を果たしたら、どんどんすればいいとは僕も思います。ただし、自分の好機と状況とを安易に混ぜ合わせない方が良い。〝アフターコロナ〟がそれです。

「ピンチはチャンス」というのは、究極のサービス業である芸能界にとっては、悪魔の囁きです。「ひょっとして今、ゴールドラッシュ!?」と勘違いし易い。ですが、本当に今が「独立→勝ち抜け必至！」なタイミングなのでしょうか？

少しネガティブな書き方をするのにはわけがあります。何故なら、「芸能界、そもそも扱い軽い問題」があるからです。

日本という国を擬人化してみましょう。そうすると、一人の「小金持ちの老人」が思い浮かぶ。芸能界、まんま当てハマると思いませんか？　芸能界の売り上げ規模は、自動車産業トップのトヨタ一社の20分の1以下とのこと。踏まえて、これまでも、国が、芸能界の稼ぎ出す金に期待をしていない感はありありで

した。例え話ですが、高級なクラブがあったとします、名前は「五輪」としましょう。そこにはお金持ちの常連のお客様が沢山いらっしゃる。で、その中での順位が低いんです。何故なら、落とすお金の額が小口だから。でも、場が盛り上がるので、お店からはしょっちゅう営業をかけられると。そんな〝気のいい小金持ちのおじいちゃん〟だとしたら、どうですか？　そしてそれが、ビフォーコロナの状態だったということは忘れない方がいい。

渡辺直美ちゃんの成功例もありますから、海外での評価を逆輸入するというパターンがベターでしょう。その資格性を持つ表現者ってどれだけいますかね？　日本のエンタメ産業の売り上げベースを20兆円規模に考えて、韓国のように国策として取り組めば結果は出せるんじゃないんでしょうか。でも実は、そこでモノを言うのがローカリズムなのですが……（ここで言う「ローカリズム」を国がちゃんと保護出来るか。日本の〝クセ〟をちゃんと売りにしてもらいたし）。

最後に。「文脈と解放」ということでいうと、いつも思い出すのが「カリフォルニアロール」です。「寿司」には歴史と伝統があります。これが外国に行くと、酢飯、具、海苔、ヘルシー、くらいに省略されます。こういう〝意訳〟が文脈無視の実態。日本にいたら絶対に逸脱行為の「邪道」になってしまう。でもどうでしょう、今日カリフォルニアロールは日本のいたるところにある。そういうアイデアの下に独立は実行して欲しいですね。

さぁ、僕も外国語を覚えて「オトネタ」をやらなくちゃ。

お笑い第7世代（メモ書き）

2020年のお笑い界の潮流について記す。変化が劇的ゆえ、現時点での判断が出来ない事例多数。気になったものは以下の5つ。

『第7世代』『女芸人』『脱マッチョ化』『高学歴化』『ネオリベ的』

ここ数年、お笑い界のトレンドは「女芸人」。「女芸人」の人気は安定銘柄、そこへ「第7世代」がプラスされた格好か。

しかし、時代はいよいよ変わった感じに。ここ3年の間の社会のムードの変化を受け、本格的にお笑い界から〝マッチョ成分〟が除去され始めた。カードゲームでいえば、リバースが出て流れが逆になり、かつ革命が起き、今まで持っていた手札が最強から最弱になった感じ。

第7世代と、女芸人の役割

お笑いは時代の代弁機である。人々の吐き出したい欲求を代わりに放り出しているに過ぎない。ニーズにより、差別や暴力はもちろん、セクハラ、モラハラ、パワハラ、安易な自虐ネタ、容姿いじり、などなどが急速にネタリストから外されてきている。それらを第7世代らは「もうやめましょう、コスパ的に」とばかりに、旧時代の価値観として屠《ほふ》りつつある。

「女芸人」という呼称はポリコレ対象になる。間も無くテレビ局の企業コンプライアンスに引っかかるだろう。2021年あたりからテレビ芸人たちが一斉に使用を止めるはず。しかし、ここでは一つの記録として、2020年10月の時点ではまだギリギリ使えたという意味で残しておく。

『アメトーーク！』にて、複数の女性芸人らが「女芸人」について語り合う企画があった。そこで話し合われていた内容が大変興味深い。従来の「男社会が望む女芸人」

という役割について、かなり攻めた内容だった。例えば「ブス」でいじられることが「武器」だったりすること、またそれが「おいしい」という〝得点になる風潮〟を、当の〝ブス芸人〟は本音で望んでいるのか、など。

女性側からの自発的な「性差、関係無くない?」という主張は、たぶん日本お笑い史上初のことと思われる。男性と女性のボクシングは見たくないが、お笑いなら共通のルールで戦えるはず。ところが「お笑い男社会」という既得権がそれを阻んでいた。結果、トリッキーな「女芸人」という地位で、「結婚したいわ~」とか「いい男とキスしたいわ~」とかやっていたのがこれまで。

【特筆事項】

こういった風潮は、別にお笑い界自らが変革したことではない、ということ。世の中の〝グローバル化〟という「外圧」による変化だったことを見逃してはいけない。〝内側から変えられなかった日本〟というメモは誰も残さないだろうから、自分で残す。いつも黒船待ちなのである。

いかにも「芸人」は時代のオピニオンみたいに見えるが、時代の〝半歩後ろ〟を歩くのが「お笑い」である。これ以上、芸人を神格化するのは止めたい。「お笑い」という存在はライオンではなく、本質的にハイエナ。「世間」という群に寄生して、付かず離れずの位置から「ネタ」という肉を狙っている。

かつて、お歯黒、ちょんまげ、帯刀はすぐにやめた日本人だが、この新たなルールブックの書き換えについていける人がこれからの〝良き芸人〟なのだろう。適者生存目指してみんなガンバレルーヤ。

第7世代のスマートぶりと、お笑いの高学歴化

コンテストは受験であり、例えば最高峰の「M-1グランプリ」の決勝は東大ぐらいに思った方が良い。ゲーム巧者であり、勉強のツボをよく知っている人が良い結果を出しやすいということ。高偏差値の大学の

ジリ貧の時代だからこそ「勝ち」を過剰にアピールするのが新自由主義的心理。若いお笑い世代からも「無駄」や「経済効率」を意識した〝ネオリベ的ノリ〟が感じられる。短い時間で、効率良く結果を出すのは良いが、それとは正反対な所にお笑いの価値が眠っていることはある。みんなが「お笑い」という〝情報商材〟を売って勝者になれるはずも無く、そこには必ず敗者がいて、「弱者」に対する視線が最後には物を言う。

EXITの兼近の存在

現実問題、ほとんどの人は強者や勝者にはなれない。お笑いにしても、例えばビートたけしは、いまだに浅草にいた自分を敗者の視点で語る。「おいらは浅草で、焼酎飲んで、ぶっ倒れて野垂れ死んでいくような芸人なんだ」みたいな物語をずっと背負っている。そうやって目線を一番下まで下げることで、共感の手綱を握っていると思う。ベンチャーとして浅草に乗り込み（東京なら早慶上智MARCH、関西なら関関同立出身の芸人が実際増えた）お笑いサークル出身者が、大学対抗という模試結果を手にプロ・アマ・オープンコンテストに侵攻してくるケースも多い。また、その後きちんと就職したり、YouTuberになったり、芸人ロマンをはじめから持たない人たちが増えてきた。闇営業問題が決定的だったが、苦労してプロの芸人になったつもりでも、実態は契約書も無く奴隷的な立場だったり、派遣社員的な扱い。更に、食い扶持のために危ない営業を自ら取らなければいけないということが見えてしまった。現在の既得権の下に組み込まれるぐらいなら、コンテストの結果を手に、就活に活かしたり、サークル人脈を活かし自ら起業したりする方が良いと考えても不思議じゃない。賢い人たちのリクルートの場として「お笑い」が在るというのは、令和的現象として極まったのではないか。平成からお笑いの高学歴化の兆しはあったが、リクルート的というのが重要。

んで、トップにまで上り詰めた芸人ではあるが、常に「俺は負けた側の人間だから」ということを起点にしている。

第7世代の芸人は、若くして勝者になっているので、そういった敗者の物語とは無縁ぽいが、兼近だけは敗者の物語を背負っている。

貧しい家庭↓中卒↓逮捕歴↓芸人という、最近には珍しいタイプ。バイオグラフィーに下支えされて、ほかの第7世代よりも存在感が強い。

車で走っていると、道路工事とか建設現場の多さにたまにギョッとすることがある。「やっぱり日本って労働者多い」と。そういう人たちにも兼近の履歴は届く。

芸人は、いわゆる「下流」であればあるほど得をする。一度地に落ちた有吉弘行さんや坂上忍さんにしてもそう。たけしさんの浅草も、ダウンタウンの尼崎も、千鳥・大悟の北木島も、下流からの追い上げはみんな大好きだし、許してあげがち。兼近はその下流と、昨今のネオリベ的鼻っ柱も両方持っている。

第7世代とダウンタウン松本氏との距離感

松本人志さんが、ドラマ『伝説の教師』に出たのが2000年、結婚したのが2009年、その間の約10年というのは、「M-1グランプリ」がはじまった2001年から一旦終了した2010年でもある。そして、島田紳助氏が引退したのが2011年。この2000年代のおよそ10年間で、やはりお笑い界は大きく変わった。

芸人「松本人志」を神格化しているのは、1991年〜97年の『ダウンタウンのごっつええ感じ』を多感な時期に見ていた人たち。兼近は1991年生まれなので、その時期は0歳〜7歳。リアルタイムでは〝神〟を見ておらず、おそらく彼がテレビを見始めた2000年以降は、すでに変節していた〝人間・松本人志〟がM-1の審査員席にいたはず。これは精神形成においてものすごく大きい。

ネタはやらず、人を評価する側にまわり、人並みに結婚もし、映画監督として独特な映画を撮り、評価の埒外にある存在。カリスマとしての威光が兼近の世代には大分屈折して届いていたのではないか？

あるあるネタの無効性と、路上のインテリジェンス

兼近はアニメネタなどのあるあるネタを嫌うという。この傾向は兼近らに限らず、昨今のお笑いの標準の変化でもある。お笑いのモードは今、あるあるネタから〝ないない〟ネタにシフトしている。例えば……

A「みなさんご存知、鉄人・宮崎ですね」

B「鉄人って、アニメの宮崎駿のこと？」

A「いいえ、剣道史上最高の戦績を残した鉄人・宮崎正裕八段です」

B「知らねーよ！」

「みなさんご存知○○」という振りは、「周知」を使ったミスディレクション。共通項、最大公約数、一般を「これ知ってて当然よね」と円で囲い込むように括り、知らない人を篩《ふるい》に掛けるようなやり方を逆手に取るのが、このネタの肝である。

昔は、お茶の間も、その対極だったサブカルも、実は「共通項の嵩《かさ》」による笑いを基礎にしていた。が、2020年代以降の世界は〝無数にある未知〟だらけ。ならば「知らねー（笑）」という〝ないないネタ〟で笑いをとる方がまだマシ、ということ。

「ベジータかよ！」とか「スーパーサイヤ人じゃないんだから」とかいう例えツッコミは、現在50歳の自分にはわからない。「知」に頼らない笑いというサービスは、顧客満足度を考え抜いた結果か。が、年寄りにも、子供にも、バカにも利口にも共通してわかるのは、「変な人」という、実は、情報に依存しなかった時代の真っ当な原点回帰がここにあるのが興味深い。兼近らの作る漫才は、そのことに対してかなり意識的だ。

兼近が持っている〝路上のインテリジェンス〟には注目したい。

10

特別対談 小泉今日子×マキタスポーツ「越境の先へ」

マキタ　このたびはありがとうございます。今回、小泉さんにお声がけしたのは、僕は以前から「第二芸能界」というのを提唱していまして。詳しくはこの本にも書いたのですが、僕自身〝越境芸人〟として、音楽活動もしながら、俳優業もやり、「第一芸能界」と「第二芸能界」を行き来している自覚があるんです。で、小泉さんはまさに越境の先輩だなと。

小泉　私も今は「第二芸能界」にいる気分ですよ。普段は主に演劇とか公演のプロデュースをしていて、そういう仕事は完全に裏方なので、マキタさんよりも遠くに越境しているかもしれない（笑）。

マキタ　そもそも、小泉さんと僕とでは、スケールが全然違いますよ。出自がトップアイドルで、第一芸能界ど真ん中にいた方じゃないですか。

小泉　でも、私がやっていた「アイドル歌手」という存在は特殊なんですよね。歌が上手なわけでもないし、歌だけをやっているわけでもないから、堂々と「歌手」とは言えないし、曲を作れるわけでもないから「ミュージシャン」でもない。かといって、お芝居の仕事で俳優さんの中に混じれば、「あなたは歌手だから」とか「アイドルでしょう」って言われちゃうし。マキタさんも本の中で書いてましたけど、どこに行っても居場所がない感覚は、私も感じていました。

マキタ　そうなんですか。僕なんかは当時いち視聴者でしたけど、どこに行っても一線級の活躍をしているなと思って見てましたよ。

小泉　ただ、第一か第二かっていうのは、精神性の問題も大きいと思います。第一芸能界で大活躍しているスターであっても、精神性では第二芸能界っぽいやり方をしている人もいますよね。

マキタ　それはあります。トップアイドルであるキョン……あの、今日はなんてお呼びしたらいいですかね？

小泉　なんでもいいですよ。

マキタ　じゃあ「小泉さん」っていうのもかえってすわりが悪いので、僭越《せんえつ》ながら「キョンキョン」でいかせてください。

小泉　はい。どうぞ。

マキタ　誰もが認めるトップアイドルだったキョンキョンが、実は内面では居場所がないという感覚、いわば違和感を持ちながら活動していたなんて、少なくとも当時の僕は思いもしなかったわけです。ただ、普通のアイドルとはだいぶ違うぞ、と思われる節はたしかにあった。最初のインパクトはやっぱり、髪の毛をショートカットにした時です。当時のことについて語ったインタビューでは、あれには事務所の社長も腰を抜かしていたと。キラキラしたアイドルとしての存在感は発揮しながらも、一方では型にはまらない、パンクな姿勢は随所に感じられました。

小泉　「結局、自分の人生じゃん」っていうのは当時からずっと思っていて。私のいわゆるアイドルとしての活動は、あくまで職業であって、仕事なんですよね。なので、事務所のほうからこういうことをやってほしいと言われた仕事が、自分的には嫌だなと思った時には、最初は素直に「やりたくない」って言って、「どうしてもやってほしい」と言われた場合は、仕事としてやる代わりに、「じゃあこれもやらせてください」って、自分のやりたいことを提案する。そういう駆け引きは、10代の頃からずっとやっていたんです。

マキタ　大人同士の話し合い、完全にディールですね。

小泉　自分が好きなミュージシャンとか、一緒に何かをやりたい人たちがたくさんいて、一方では、正直あんまりやりたくない〝ザ・芸能〟の仕事もあって。両方やるよ、忙しいのは私だから、それでいいでしょって。職業として割り切ることで、私の場合はバランスが保てたっていうのはありますね。

マキタ　あれだけのヒットソングを連発しながらも、自分は本物の歌手ではないって言い切れてしまう、ある種の冷めた目線はどこから来るものなんですか？

小泉　単純に素地がなかったからですよ。すごく歌が上手いとか、魅了する歌声を持っているとか、私にはそういうのがなかったから。それに容姿もたいしたことないし。

マキタ　いや、それは否定させてください。容姿は抜群でした。

小泉　でも背は低いし、もっときれいな人はたくさんいましたよ。とはいえ、職業として自分で選んだからには、人のことを楽しませる仕事をしなきゃとは思っていて、そのためにはアイデアで勝負するしかないなって。

いっそ私服で出たほうがかわいいじゃん

マキタ　リサーチ力というか、アンテナの張り方が、同時期のアイドルの方々とは一線を画してまし

たよね。それは人間関係においても、かなり独特の立ち位置でした。

小泉　それは育ちの影響もあるんでしょうね。私には姉が二人いて、8つ上と2つ上で、それぞれ世代が違うから、音楽もフォークソングの時代からUKのニューウェーブとかまで、姉の影響で耳に入ってきました。お年玉をもらうと、姉と一緒にレコード屋さんに行って、手分けして買ったりとか。私は姉に半分そそのかされて、アナーキーを買ったりして。一方の母は、ムード歌謡が好きだったので、そういうのも聴いてました。家族に女が四人もいると、よくしゃべるんですよ。テレビを見ながら「向田邦子のドラマはおもしろいよね」とか。

マキタ　家族とのおしゃべりでストレートな批評を聞けるって、とてもいい環境ですね。

小泉　よく覚えているのが、ヤマハのポプコンに世良公則さんのツイストが出た時に、そのパフォーマンスを見て、母と姉がグッとロックオンされたのを間近で見たんです。きっと母も若い時は不良っぽかったんでしょうね。

マキタ　母「も」って言いましたね（笑）。

小泉　父もちょっと不良でした（笑）。

小泉今日子

こいずみ・きょうこ●1966年生まれ。神奈川県厚木市出身。1982年「私の16才」で歌手デビュー。「渚のはいから人魚」('84)、「学園天国」('88)、「あなたに会えてよかった」('91)、「My Sweet Home」('94)など、ヒット曲は数知れず。細野晴臣、近田春夫、小西康陽といったミュージシャンとのコラボレーション作品も多数。また俳優として、ドラマ『愛しあってるかい！』('89)、『恋を何年休んでますか』('01)、『監獄のお姫さま』('17)、映画『風花』('01年)、『空中庭園』('05年)、『トウキョウソナタ』('08年)などに出演。2015年、演劇・映像・音楽・出版などをプロデュースする株式会社明後日を設立、代表取締役を務める。'18年に設立した映像制作プロダクション新世界合同会社のメンバーでもある。

マキタ　不良ばっかりじゃないですか（笑）。

小泉　不良というか、洒落たものが好きだったんですよ。だからだいぶ自由にさせてもらったし。あとは、実家が神奈川だったので、中学生になると新宿や原宿まで自分で行けるようにもなって。そういう家庭の末っ子だったから、同級生と比べたら、ませてたかもしれない。「加藤嘉かっこいい」とか「志村喬は色っぽい」とか言ってました。

マキタ　ははは。それはだいぶ渋い。中学生にして、すでに真ん中じゃないところに目がいってますもん。

小泉　もちろん普通にアイドルも好きで、私の世代だと、山口百恵さんとかピンク・レディー、キャンディーズとか、夢中で見てましたよ。

マキタ　『スター誕生！』のオーディションでは、石野真子さんの曲を歌ってましたよね。

小泉　石野真子さんも好きでした。

マキタ　そして、ご自身がアイドルになってからは、1985年に「なんてったってアイドル」という歌を歌うわけですが、あの当時のキョンキョンは、一人で気を吐いて、「物言うアイドル」っていう印象でした。

小泉　そうでしたね。気を吐いてました。

マキタ　やり方としては、まわりの大人たちの言うことを聞いて、敷かれたレールの上を歩くっていうのもあったと思うんですが、キョンキョンは、レールの上を歩きながらも、時々踏み外すっていうね。

小泉　その前、1983年の「まっ赤な女の子」っていう曲から、担当のディレクターが替わったんです。それまではわりとおとなしい感じのイメージで歌っていたんですけど、そのディレクターさんが、「全然おとなしい子じゃないじゃん」って言って、そこから曲調もポップになり、音楽性も豊かにしようってことで、ピコピコしたシンセサイザーの音を入れたりとか。あとは、どうせ歌唱力が乏しいなら、キーとかどうでもいいねって、私の音域ではありえない高音の曲を作って、「高音は全部ファルセットでいいよ」みたいな。変な声を出しているテイクをわざとOKにしたりとか、そういう育て方をしてもらったんです。そこから「自分の良さってこういうことなんだ」って思えるようになりました。

マキタ　やがてだんだんと、ご自身のアイデアも作品に反映するようになって。

小泉　アルバムを出す時に、「B面をプロデュースしてみれば？」って言われたんです。好きな作詞家と作曲家を指名すればプロデュースしたことになるからって。それで希望を伝えたら、全部叶えてもらえて。

マキタ　まわりの人たちも、キョンキョンならできるって感じてたんでしょうね。

小泉　着るものについても、最初はひらひらの、アイドルらしい衣装を着ていたんですけど、あまりにもテレビとかに出る機会が多いので、ずっとひらひらだけじゃつまらないし、いっそ私服で出たほうがかわいいじゃん、と思って、私服で出てみたら、すごい評判がよくて。

マキタ　さらっと言いましたけど、当時はものすごい革新でしたよ。

小泉　かといって、「ひらひらの衣装は絶対に着たくない」とかでもなかったんですよ。それはそれとして、職業として着る。でも、たまには私服でも出てみたい。そのくらいの感じでしたね。

改めて振り返ってみると私はクラッシャーだった

マキタ　芸能界の中で、話が合う人って当時いましたか？

小泉　誰だろう……久世光彦さんは、私のことおもしろがってくれましたね。

マキタ　やっぱり演者ではなく、裏方の人なんですね。同じアイドルで、キョンキョンが「この人おもしろい」って思った方はいないですか？

小泉　話が合うとかではないけれど、変わってるなぁと思っていたのは、同期だと「シブがき隊」の本木雅弘さんかな。

マキタ　出ました、モックン。いや、今でこそ腑に落ちますけど、彼も当時はきちんとアイドルを演じていたというか、傍からはわからなかったですけどね。

小泉　改めて自分が若かった頃の言動を振り返ってみると、私ってクラッシャーだったんだなって、今さらながら思いますよ。衣装や髪型もそうだし、アイドルの概念とか、いろんなものを壊しちゃったなって。『スター誕生！』が終わった頃に、「小泉今日子と中森明菜でアイドルは終わった」って言われたんです。もうコントロールできないって。明菜さんも、私とはタイプは全然違うけれど、ご自分の意志がしっかりとありましたよね。

マキタ　自分のことに引きつけて言うと、僕もビートたけしやとんねるずといったクラッシャーの先人たちを見て育ってますし、あの人たちがいたからこそ、この世界に憧れたクチですからね。キョンキョンが壊したアイドルの概念も、後進にはものすごく大きな影響を与えたことは間違いないですよ。

小泉　ただ壊しただけじゃなく、何か新しいものを作ってもいたんだとしたら、ちょっと安心です。

マキタ　新しいもの、作りまくりですよ。

小泉　私は根が活発ではなくて、一人でずっと遊んでいられるようなタイプなんです。そういう性格の人間が、表に出て人前で歌ったり踊ったりすることを職業にしたからこそ、自分で自分をプロデュースしている感覚はありました。「こういう子が芸能界にいたらスカッとするな」みたいに考えて。自分の性格とは切り離して、あくまでアイドルは職業なんだっていう理由づけがされていたので、思い切りやれた部分はありますね。

マキタ　活発ではない15歳の女の子が、自分でオーディション番組に応募したのは、どういう経緯だったんですか？

小泉　当時は学校にそういう風潮があったんですよ。クラスの子たちと遊び感覚でオーディションに応募するような。ただ、気持ちとしては両方ありましたね、やってみたい気持ちと、恥ずかしいっていう気持ちと。そのくらいの感覚の人のほうが向いてると思います。「絶対にアイドルになる」という気持ちで芸能界に入ってくると、夢が強すぎちゃって、現実に傷ついちゃう。

マキタ　キョンキョンには、「照れ」の感覚がずっとあるのかなと、僕なんかも見ていて思ってましたけど。

小泉　お芝居の仕事をやることになった時に、みんなが当たり前のように「こういう演技して」とか「こういうふうにセリフ言って」とか言ってくることに、本当にびっくりしましたね。歌手にはなったけど、演技の勉強はまったくしてないし、そもそも演技の仕事をするなんて聞いてないからね、って。でもやるからにはプロ

の現場だし、文句を言うでもなく、やりましたけど、20代いっぱいくらいまではずっと、恥ずかしいなと思ってました。

マキタ　初主演作の大映ドラマ『少女に何が起ったか』（TBS系／'85年）も、やっぱり恥ずかしかったですか？

小泉　あれはもう、画面から恥ずかしさが伝わってたでしょう（笑）。監督は当時すでに60代の増村保造さんで、ずっとタバコを吸いながら「もっと喘いで〜」とか言うんですよ。

マキタ　あの当時から大映ドラマはある種のネタとして見られてましたよね。

小泉　そうそう、『少女に何が起ったか』は『スチュワーデス物語』と同じ枠でした。あの頃はすごく忙しかったので、後ろ姿とかは別の女の子が演じてるんです。

マキタ　まさに影武者だ。『あまちゃん』を思い出しますね。

小泉　ほかの作品でもいつも同じ子で、髪型も合わせて、ずっと私の役をやってくれてました。それである時、久世さんがその話を聞いて、その子を普通の役として出演させてくれたんです。久世さん大好き！って思いました。

マキタ　それは粋ですねぇ。役者の話でいうと、個人的な体感として、どの撮影の現場であっても、決して役者が花形ではない、っていうのを感じるんですよ。現場を掌握しているのは監督やカメラマンで、役者はあくまでパーツでしかない。

小泉　テレビドラマの現場はとくに、立ち位置から何もかも決まっていて、「そこのテーブルを拭きながらこっちを向いて、そのセリフをこういうニュアンスで言ってください」っていう感じですよね。完全にマリオネットの気分。

マキタ　僕はだから、自分のことをそういう業の時は、自分のことをそういう業者だと割り切ってやってますよ（笑）。普段やっている自作自演のライブと比べると、あまりの違いにギョッとしました。言ってしまえば、役者なんてモノ扱い。

小泉　それが悪いっていうことではなく、ほんとにそういう現場はありますね。主演ではなく、母親役とかで呼ばれるようになった時に、私ってモノだなぁって。

マキタ　平気で5時間とかの待ち時間があって、5時間待ってようやくカメラの前に立つと、指示された通りの動きとセリフをやって帰る、みたいな。そういう仕事ですよね。

大きなユニットとしての「プロジェクト小泉今日子」

マキタ　多忙の中で、最先端の情報はどうやってインプットしていたんですか？

小泉　私はテレビの録画機も持っていなかったので、人から話を聞いたり、あとは雑誌ですよね。だって私、一時期はテレビブロスを隅から隅まで読んでたんですよ。はみ出しコーナーまで全部。

マキタ　担当編集が泣いて喜びますよ。この本もテレビブロスに連載していたコラムをまとめた本ですが、ブロスといえば、川勝正幸さん。僕も川勝さんに見つけてもらった時は、そりゃあうれしかったです。

小泉　私が川勝さんと最初にお仕事をしたのは、TOKYO FMの『KOIZUMI IN MOTION』（'89年～'91年）っていう番組か、近田春夫さんがプロデュースしたアルバム『KOIZUMI IN THE HOUSE』（'89年）の時か、どっちかだと思います。TOKYO FMの番組のほうは、川勝さんがブレーンで参加していて、いとうせいこうさんや藤原ヒロシくん、高城剛さんとかも出ていて、ゲストにもいろんな川勝さん人脈の方を呼んでくれたんです。

マキタ　錚々《そうそう》たる顔ぶれですが、みなさん活字媒体の人たちですよね。今とは違う、元の意味でのサブカルチャー出身の人たち。それ

が芸能界のトップアイドルと一緒になって何かを作るっていうのが、当時は考えられなくて、ワクワクしてました。

小泉　『KOIZUMI IN THE HOUSE』の時は、川勝さんが「ハウスをお茶の間に」っていうキャッチコピーを書いてくれたり、私のことは「パンパース小泉」って呼んでくれました。音楽でも何でも、新しいものを与えるとものすごい勢いで吸収する、っていう意味で（笑）。

マキタ　キョンキョンが媒介となって世間に広がっていったものが、すごくたくさんありますよね。

小泉　気づいたら一人で走ってた、っていう感じですね。

マキタ　そういう役割がビジネスになる、みたいな感覚はあったんですか？

小泉　ビジネスとは思ってなかったかな。もっと自然な感じでした。例えば、東京スカパラダイスオーケストラのライブとかも、初代リーダーのASA-CHANGが私のヘアメイクをやっていて、「今度ライブやるからおいでよ」って誘われて行ったりとか。テレビだけで私を知っている人たちは、それ以外の一面をまったく知らないわけなので、そこをあざむいているような感覚も楽しんでましたね。

マキタ　トップアイドルとしての自覚というか、自分が主役なんだっていう感覚は？

小泉　主役であるとも思ってなかったです。自分が主役ではなく、大きなユニットみたいに捉えていました。見える形ではないけれど、私のバックにはいろいろな人が関わっていて、私は表に出てめんどくさいことを引き受ける役目、みたいな。

マキタ　「プロジェクト小泉今日子」的な。でもそこを引き受けたってことが偉業ですよ。

小泉　例えば、松田聖子さんや中森明菜さんと比べると、私には独自の世界観だったり、表現においても明確な方向性みたいなものがなかったせいで、どこにでも行けちゃうっていうことだったんでしょうね。それこそ越境ですよ。

マキタ　これは宮沢章夫さんが言っていたことなんですが、竹中直人さんといとうせいこうさんの違いについて。竹中さんは身体的な道化で、いとうさんは情報型の道化であると。その理屈でいうと、松田聖子さんや中森明菜さんは身体的で、キョンキョンは情報型だと思います。人と人を繋ぐハブになったり、情報をキュレーションして発信したり。

小泉　そういう役目は担っていたかもしれないですね。

マキタ　アイドルという職業を考えた時に、一時的にバーッと国民に消費されて、短期的に売り抜くという戦略が定型としてあると思うんです。でもキョンキョンは、消費され尽くさないで、常に明後日のほうを向き、半歩先を歩いていた。しかも、その半歩先の感性が時代ともマッチしていた。時代の半歩先を行くことと、同時代のアイドルでいることを並列させていた感覚は、本当に見事だと思います。

小泉　音楽でもお芝居でも何でも、いろいろやっていく中で、自分がすごく好きになる作品や作家に出会って、いつかお仕事をご一緒する機会があった時に、失望させたくないっていうのは思っていました。自分が今いる場所はここだけど、それは過程の中で仕方のないことで、いつか絶対あの場所に行くんだ、だから、そのための努力は続けようって。

マキタ　長期的なブランディングですね。

小泉　例えば、陰のある暗い役をやりたいと思っていた時には、雑誌の撮影でもあえて笑わないで、「この表情、誰かに届け！」って思いながらやったりとか。

ちゃんと見る目を持った大人になってあげたい

マキタ　僕が思うに、圧倒的なカリスマになる人は、独特のマネーマネジメントをしています。お金にシビアな人が多い。矢沢永吉さんの『成りあがり』を読んでも、お金の話がたくさん書いてある。キョンキョンはお金とはどういう付き合い方をされていましたか？

小泉　私が事務所に所属していた間は、会社員で給料制だったんです。若いのにお金のことを考えるのがめんどくさくて、決まった金額をもらったほうがいいと思っていて。ただ、10代の時から、もらったお給料は親ではなく自分で管理していました。同年代の人と比べて、洋服はたくさん買っていると思うけど、それは仕事に必要なものなので、家賃の高いマンションに住むのも、職業上セキュリティの問題で必要なこと。そういうのを除いたら、とても倹約家だと思います。今思えば、あんなバブルの時代に、あれだけ広告の仕事をしていて、もし欲しいものを要求していたら、何でも手に入っただろうなって。稽古場とかスタジオとか。

マキタ　そりゃあ何でも手に入ったでしょう。ご自身で会社を立ち上げた今は、金銭感覚も変わりました？

小泉　自分の会社では、主に舞台の制作やプロデュースをしているんですが、社員たった3人とはいえ、やっぱりそれだけでやっていくのは大変で。すごく楽しいし、やりがいもあるけれど、例えばここで私が大きな仕事を引き受けたとしたら楽になるなぁ、でもそのことで生まれる制約もあるよなぁとか、そういうことは考えますね。

マキタ　そもそも自分で会社を経営しようと思ったのは、どういうきっかけで？　しかも裏方のプロデュース業を。

小泉　自分のこともそうですし、業界全体に対しても、客観的に何か言ってくれる人が減ったなぁとは思っていて。プロデューサーや監督といった制作者よりも、出演者をマネジメントする事務所のほうが、力関係として強くなっているような気がしたんです。今がんばっている無数の劇団や役者さんがいる中で、自分がプロデュースする側にまわることで、少しでも役に立てたらいいな、「ちゃんと見る目」になってあげたいなって。

マキタ　とても真摯な動機ですね。昨今の芸能界についても、いろいろと思うところはあるんじゃないですか？

小泉　日本で作られたものって、結局は日本の中だけで成立すればいいっていうのが前提になってますよね。それだと、これ以上芸能界としての経済が広がっていく可能性があまりないように感じていて。日本の中で、このくらいの予算をかけて、このくらいの集客ができれば大ヒット、っていう考え方。そうなると、人気のある人をキャスティングすることで、その目標が達成できる。だからこそ、事務所の力も強くなる。長い時間をかけて、少しずつ芸能界がそういうやり方にたどり着いちゃった。でも一方で、インディーズで作られた作品が、日本国内では評価されていないけど、海外で評価されるようなことも多々あって。例えば韓国の映画とかは、国内向けとか海外向けとか関係なく、きちんと世界で評価をされて、それによって制作体制も整っている。そういうことが日本でもできないかなと思うんです。プロになってからスキルアップするような仕組みだったりとか、「この役は絶対にあの役者がいい」っていう純度が高いキャスティングができるとか。

マキタ　かつては事務所の力はそこまで強くなかった？

小泉　いわゆる歌謡界においてはあったかもしれません。でもそれは、興行から始まった文化だからこその、昭和っぽい力関係というか。最近の関係性は、より企業化してるんじゃないですかね。それこそ大手の代理店が関わってくるとか。最近の若い子と接していると、事務所が大きいとかあんまり考えてないように思うんですよね。

それよりも純粋に「お芝居がしたい」っていう気持ちのほうが強い。そういう子たちがいるのだから、自分ができることはしてあげたいなって。仕事の面はもちろん、一緒に遊んだり、時にはアドバイスをしたり、そういう大人になってあげたいんです。

マキタ　僕もコロナが来るまでは、「第二芸能界」を提唱して、それぞれが自前の経済圏でやっていく方法がいいと思っていました。テレビやCMといった、スポンサーからの広告収入に頼らず、観客からダイレクトにお金をもらうライブだったり公演だったりの興行で成り立たせるっていう。でも今こういう状況で、その興行が思うようにできなくなってしまった。配信という方法もあるけれど、まだ確立されていない。かと言って、オンラインサロンみたいなことでファンを囲ってしまうと、横の広がりを生み出せない。そうなるとやっぱり、大手の事務所なり代理店なり、大きい資本が必要になってきちゃうのかな、とも思うんですよ。芸能界に限らず、出版社でも、原稿料を払って書き手を育てる余裕がなくなって、すでにネットで人気のある書き手を探してくることが編集者の仕事になっていたりとか。

小泉　コロナの影響で、今だから

こそできること、今じゃないとできないこと、そういう目の前のことに向き合う意識は強くなりましたね。NHKで海外の学者さんたちが話し合う番組を見ていたら、「アフターコロナは利他的な社会になるべきだ」とおっしゃっていて。それすごくいいなと思ったんです。自分の中で判断に迷った時は、利他的なほうを選ぶようにしようって。

青春を共に過ごしたファンに対しての責任

マキタ　会社を立ち上げて以降、会社名義のアカウントではありますが、ツイッターでご自身の言葉を投稿していますよね。そこで実感したSNSの影響力みたいなものは、どう感じていますか?

小泉　私は公の場所にいる時間が長かったので、どんなに攻撃されても耐性があるというか、対処法がわかっている部分もあるんですけど、一般の方が誹謗《ひぼう》中傷されているのは、本当に見ていてつらいですね。私はドラマに出ている時でも、放送中にSNSを見ていたりもしたので、エゴサーチは積極的にやる派なんです。

マキタ　エゴサーチ、やりますか。先日、小泉今日子の音源が全曲ストリーミング配信されて、大きな話題になりましたけど、その時もエゴサーチしました?

小泉　しました。おもしろかったですよ。王道のヒット曲を喜んでくださる方はもちろんいて、それ以外にも、「KOIZUMIX PRODUCTION」の曲とかを喜んでくれる人が、こういうところにこのくらいいたんだっていうのが可視化されて。

マキタ　SNSならではの体験ですね。ちなみに、今15歳に戻ったとして、芸能界を目指します?

小泉　目指すかなぁ。でも目指すとしたら、大学まで行ってちゃんと勉強して、頭よくなってからやりたいですね。

マキタ　今でも十分、頭脳派ですけどね。いや、というのも、僕の娘が今18歳なんですけど、芸能界に対する憧れが自分の頃と比べてめっきり減ってるんですよ。父親が芸能の仕事をしているので、そのバイアスはあるとは思うんですが、普通に「芸能人ってリスク大きいでしょ」とか言うんです。

小泉　最近ネットでアイドル時代の私を見た若い子たちが、日本だけじゃなく中国や韓国でも、新しくファンになってくれたりするんです。そういうのを見ると、もう一度あの夢みたいなキラキラした世界を構築するには、一体どうしたらいいんだろうって、真剣に思いますね。テレビに限らず、ですけど、今のメディアは、当時のような夢の世界に連れて行ってあげられていないのかなって。

マキタ　また娘の話をしますと、長女はジャニーズが好きで、特定の誰かとかではなく、あの歴史ある組織全体が好きだって言うんです。で、次女は韓流のドラマやアイドルを追いかけていて、日本の芸能人よりも韓国のほうが好き。それで考えるに、簡単にSNSで繋がれるような存在よりも、遠くにいる手の届かない存在のほうが、夢中にはなれるのかもなって。

小泉　それはあると思いますね。私が共同でプロデュースに参加した『ソワレ』という映画が公開される時に、プロモーションは必要だけれど、主演俳優本人のキャラクターを晒すようなテレビやメディアには絶対に出さないでくださいって言ったんです。そういう露出をコントロールするのもプロデューサーの仕事だと思うし、ちゃんと映画を観て、素の部分ではなく、その演技に憧れてほしい。

マキタ　日本国内の需要だけを当てにすると、規模としても高が知れるっていうだけじゃなく、人気を獲得するために素のキャラクターを消費されたり、テレビ局や事務所の〝政治〟にも巻き込まれてしまう。そういう意味でも、海外を当たり前に志向するっていうのは、非常に正しいですよ。

小泉　まだ実際どうすればいいのかは手探りですけど、せめてアジアが庭みたいになればいいのになって思います。

マキタ　もう一方で、僕は今50歳を迎えて、この先ずっと添い遂げないといけない人たちもいるんですよね。長く見続けてくれた人たちのためにも、僕は発信することをやめちゃいけないなって。

小泉　それは私もすごく思います。ずっと応援し続けてくれた人たちに対して、私には責任がある。だから、せめて周年の時には歌を歌ったりとか、何かを発信し続けなきゃいけない。自分で会社を作ったのも、50歳という節目を意識したからで。誰かの人生において、青春を共にしたっていうのは特別なことなんです。新しい扉を開けて、世界をもっと良くしたいっていうのと同時に、ずっとファンでいてくれる人たちのことを大切にする。それが私のやるべきことだなって思っています。

撮影／ただ（ゆかい）

マキタスポーツ

1970年生まれ、山梨県出身。芸人、ミュージシャン、役者、文筆家。2012年の映画『苦役列車』で第55回 ブルーリボン賞新人賞、第22回 東京スポーツ映画大賞新人賞をダブル受賞。著書に『決定版 一億総ツッコミ時代』（講談社文庫）、『すべてのJ-POPはパクリである　現代ポップス論考』（扶桑社文庫）、『アナーキー・イン・ザ・子供かわいい “父親に成る” ということ』（アスペクト）がある。

越境芸人 増補版

第一刷　２０２０年11月２日

著　者　マキタスポーツ

発行者　田中賢一

発　行　株式会社東京ニュース通信社
〒１０４-８４１５　東京都中央区銀座７-16-３
電話　０３-６３６７-８０１５

発　売　株式会社講談社
〒１１２-８００１　東京都文京区音羽２-12-21
電話　０３-５３９５-３６０８

装丁・デザイン　山﨑健太郎（NO DESIGN）

編　集　おぐらりゅうじ

印刷・製本　株式会社シナノ

Printed in Japan
ISBN 978-4-06-522094-8